親子が変わる〈SomLic《ソムリック》ペアレント・トレーニング〉

感情にふり回されない子育て

白梅学園大学子ども学部准教授
田中真衣

佼成出版社

小1男子 VS 母
バチ
バチ
テレビばっかり見て宿題やったの？
あはは
部屋の中すごいじゃない
なんで片づけないの？
何度も言わせないで!!
イライラした子が兄弟ゲンカ
ギャー
ワーー！
もううるさい！
いいかげんにして!!
ドカーン

当時、母はペアレント・トレーニングを知らず、毎日怒ってばかり
なんだろう…
はぁ
こんなはずじゃなかった
楽しくすごしたいのに
ふう…
ペア・トレかあ…
しんどい親子関係が変わる…やってみようかな
数日後
なるほど
まず、ほめ方のステップか
ペアトレ
ほめるところなんてあるのだろうか…
ただいま！
ポイ
ポイ
じゃー
い、言われなくても手を洗えてエライじゃーん

よいしょ
あれ？すごいねー！ 自分で片づけ できたね！
これですぐにおやつが 食べられるね！
うん
少しずつ家族に笑顔が増えて 変わってきた
これあげる
わーい

はじめに

「子どもにイライラしてしまう」
「子どもが言うことを聞いてくれず怒鳴ってばかり」
「つい手が出てしまう」
「しつけってどうすれば正解なんだろう」

そんな思いを抱えながら、日々子育てをしていらっしゃいませんか。

一日の終わりに、子どもの天使のような寝顔を見て、「こんなかわいい子にどうしてあんなにきつく言ってしまったのだろう」と反省しつつも、次の日には毎日のルーティンに追われて変わることのできない自分がいる。

ペアレント・トレーニングは、そのような経験をされている方や、「感情にふり回されない子育て」や「穏やかな子育て」を目指したい方にぴったりなものです。

子どもを授かり、出産して、育児をするというプロセスでは、新しい生命との出会いという衝撃的な経験を経て、ホルモンバランスが崩れ、体調も万全でない中、いきなりの子育てが始まります。そこでは、それまで自分が築き上げてきた人間関係や仕事の仕方、自分の内面や自分とのつきあい方にも向き合わざるを得ないでしょう。例えば、職場ではうまく仕事を回せて自信もついてきていたのに、家では自分のペースが崩れて家族とのコミュニケーションもうまくいかず、わけもなくイライラしたり、他の人と比較して落ち込んだり……。さまざまな変化を経験するのではないでしょうか。

これは〝最近の子育て〟に起こり始めたことではなく、子育てしている人びとが昔から抱えている問題です。けれどもその解決策は、それぞれのご家庭任せの状態になってしまっています。医学など自然科学領域では、エビデンス（証拠や根拠）をもとに対応策や知見が進化していきます。けれども社会科学領域にある子育てや介護は、各家庭にお任せという、外部の者が立ち入りづらいプライベートなものになっているばかりでなく、科学の知見が入り込まない古風な領域のままです。研究者が正当な方法でエビデンスを積み重ねていっているものの、それが実用につながりにくい側面があるのです。

子育て分野でいえば、その成果の一部は例えば児童養護施設や保育所などの職員研修または資格養成課程で学べ、現場で生かされていますが、一般家庭の子育てには還元されていません。そこで、私たちはこれらの実証されている智を現在の日本の子育て家庭につなぎ渡すことを目的に、〈SomLic《ソムリック》ペアレント・トレーニング〉を開発し、子育て中の方に届くように活動しています。

SomLicとは、the Style of my Life with children の頭文字をとった造語です。子育てしている方々が、子どもと一緒に自分らしい生活スタイルを見つけてほしいという願いを込めて名付けました。ここで、このプログラムを学んだ方々の感想の一部をご紹介します。

◆これからペアレント・トレーニングを軸として子どもと関わっていくことができる。ペアトレ中、主人とどうやって子どもの問題について対応していこうかと話すことができて、すごくいい時間だった。

◆お風呂の中など子どもも自分もリラックスしている時に、昼間の問題シーンを子どもとふり返り、あの時どう言えばよかったかなど話して練習することができ、お互い同じ目標に向かっていけるのが感じられる。

◆遠くから声をかけても伝わらないことを実感したので、肩をトントンと叩いて伝えるようになった。主人にも活用している。

◆ポジティブな声かけができるようにバリエーションを増やしていくことを試みている。スマホの画面に載せて次はこのフレーズを言おうなど意識づけが変わった。

◆児童養護施設で働いていたので分かっていたはずなのに、自分の子どもにできていなかったことを痛感した。娘のイヤイヤ期で疲れていたが、「そうだよね。やりたかったんだよね」とやりたいことに共感することをくり返すことで、子どもは「自分は～したかった」と言えて落ち着くようになってきた。大ごとになる前の小さな火種の時点から丁寧に向き合えば子どもは満足することを実感した。

◆この講座に参加して、意外にも自分がやってきた子育ては間違いではなかったと自信がもてた。

◆保育所の保護者とは、子育てについて困ったことは話しやすいけれど、自分が子育てで大事にしていることや、子育ての具体的な方法を伝え合うのは恥ずかしくてできていないので、そのような話ができてよかった。

◆コロナ禍で保育園にも通えなくなり、それだけで自分のペースが乱れていて、家の中もぐちゃぐちゃだった。自分は何にイライラしているかなどふり返る機会があり、自分が落ち着くことの大切さを改めて感じた。

実際に、講座に参加された方は、みなさん、驚くほど短期間に変わられます。同じ悩みを抱える親御さん同士で話すことで気持ちがラクになったという声や、子どもや夫とのコミュニケーションが良くなったという声が多く、表情まで明るくスッキリします。

ぜひみなさんも、本書を通して、ペアレント・トレーニングの実践に取り組んでいただけたらと思います。

日本で子育てしている方々をサポートしたいという想いで活動を継続してきた中で、このような本としてまとめることができたことを有り難く思っております。ペアレント・トレーニングが多くの方々に届くことを願っております。

田中真衣

二〇二三年初夏

感情にふり回されない子育て

親子が変わる

〈SomLic《ソムリック》ペアレント・トレーニング〉

目次

第4章 困った行動への対処法 95

第5章 ママ・パパが自分を幸せにする方法 147

第1章

ペアレント・トレーニングを始めよう

1 ペアレント・トレーニングってなんだろう

子育てには迷いや悩みが尽きません。
そんな子育ての「困った」を自分で解決でき、
穏やかな気持ちで子どもに向き合うための
「ペアレント・トレーニング」。今日から始めませんか？

●親には子育てを学ぶ機会がほとんどない

子育てをする中で、子どもが歩けるようになった、ひらがなを読めるようになったなど、できることが増えていく様子を間近で見るのは楽しいものです。子どもの成長は自分のことのようにうれしいですし、子どもも親に全幅の信頼を寄せてくれます。「この子を守ってあげたい」という思いもわき上がります。

でもその一方で、子育てには大変な面もたくさんありますよね。しっかり「親」をやろうと、自分を抑えて無理をしてしまうこともあります。「どうして言うことを聞いてくれないんだろう」「私がこんなに心配しているのに」など、悩みやストレスを抱えながら子育てをしている方は少なくありません。

そこで出てくるのが「しつけ」という問題です。日本社会には「しつけ」に独特のイメージがあって、例えば「あそこの家はしつけがなっている」というのは「きちんとしている」というほめ言葉ではないでしょうか。逆に「あそこはしつけが甘い」と

いうのは、「ややだらしがない家庭」というイメージがあるようです。つまり、「良いしつけ＝厳しくきっちり育てている」ということになりがちなのです。

「何度言ってもこの子は言うことを聞かない。親のことをなめている。だからきちんと分からせないといけない」。これは、虐待をしてしまった親のほとんどが口にする言葉です。そして子どもに分からせるために、痛いことをしたり、ひどいことを言ったりするのです。もし、しつけを「厳しくするもの」ととらえられているのであれば、しつけから虐待へは一本道でつながってしまいます。

本来「しつけ」というのは、子どもに社会の常識を教えたり、一人で生きていくための知恵を与えたり、自分でできることを増やす手助けをすることです。しつけとは「教えること」なのです。例えば、学校の先生が生徒に教える時、分かりやすいように説明を工夫したり、資料を作って論理的に教えたりします。人に教えるというのは入念な準備や工夫はもちろん、教える側の気持ちを整えることも必要です。それは親子の場合でも同じです。けれど親には、その準備や工夫について習う機会も場所もありません。そこで生まれたのが、「ペアレント・トレーニング」です。

「SomLic ペアレント・トレーニング」とは

これからみなさんと一緒に取り組んでいくこの「SomLic《ソムリック》 ペアレント・トレーニング」は、しんどい親子関係に陥る前に、またすでにしんどさを抱えている場合にも、子どもと良い関わりをもつための知識や方法を習得し、自分らしい子育てを見つけるためのプログラムです。私が代表を務める子育て家族支援ネットワーク「SomLic」では、二〇〇七年の設立以来、親御さんが「ペアレント・トレーニング」を学べる講座を開催し、社会に広める活動を行っています。

「SomLic」は、子どもが家族と離れて暮らす児童養護施設で働くスタッフが中心となって立ち上げました。児童養護施設には、虐待で心身共に深く傷ついた子どもも少なくありません。日々、そうした子どもたちを支援する中で私たちが感じたのは、虐待は残酷なことで許せないけれども、虐待をしてしまう親自身も追い詰められているということ。にもかかわらず、いまの社会システムでは、そうした親へのケアが行き届いていないのが現状です。

そこで、親御さんが自分に優しくなれる時間をつくり、子どもとのよりよい関係を築くお手伝いがしたい。そんな想いをもつ有志が集まってできあがったのが「SomLic」であり、「ペアレント・トレーニング」を広めようとした理由です。

●認知行動療法をベースに一人ひとりに合う子育てを

世界にはさまざまなペアレント・トレーニングが存在しています。認知行動療法をベースに、アメリカで開発されたペアレント・トレーニングは、問題行動のある子どもの治療技法として発展してきました。認知行動療法とは、自分の思考や行動の癖を把握して、生活や人間関係をスムーズにするために問題となっている行動を変容させる方法です。ペアレント・トレーニングは、治療の効果検証が行われており、エビデンス（証拠や根拠）のある研究も多く発表され、成果が積み重ねられてきています。お子さんを育てている親御さんだけではなく、里親さんや児童福祉関係者の方がたにも役立つものです。

ペアレント・トレーニングの講座に参加された方はみなさん、「もっと早く知りたかった」「みんながこれを知っていれば育児がラクになるのに」とおっしゃいます。また、「イライラして感情的になっていたのが、頭で考えられるようになり行動も変わった」など、自分自身をコントロールできるようになったという感想も多くいただきます。

本書では講座と同じとはいきませんが、自分と子どもとの関係を見つめ直す手がかりになると思います。子育ての方法は一つではありません。子どもも親も一人ひとり性格が違い、育てる環境もさまざまです。きょうだいでも異なるので、「これが子育ての正解」ということは絶対に言えません。多様な子育ての中で、自分なら「ペアレント・トレーニング」をどう活用できるだろうと考えていただければと思います。そうして「私らしい子育て」を見つけ、「子育ては楽しい」ということを再認識していただきたい。その一助になればと願っています。

2 子育ての「悪循環」から脱出しよう

子どもが言うことを聞かない、一生懸命やっているのに思うようにいかない……。そんなしんどさを感じていたら、「子育ての悪循環」に陥っているのかもしれません。悪循環を断ち切る最初の一歩を踏み出しましょう。

●子どもにしているその行動、他人にもしますか？

小さな子どもは、一人ではできないことが多くあります。親がごはんを食べさせ、寝かしつけ、トイレに行かせるなどのケアをする必要があります。また、社会のことも分からないので、道路の歩き方やあいさつの仕方など、ルールを一つ一つ教えます。それは「しつけ」と呼ばれていて、親が行うべきものと社会的に認識されています。

先にお話ししましたが、しつけは「教えること」と言い換えることができます。けれども知識のある者がない者に教えるという行為は、上下関係が生まれやすいものです。学校においても、「体罰」は発生しています。ましてや、家庭という密室ではブレーキが利かずにいきすぎてしまい、悲惨な虐待が起きてしまうこともあるのです。

さらに親子関係が他の人間関係と圧倒的に違う点は、「子どもはどんなことがあっても、親を大事な存在と思い、親に認めてもらいたいと願う」という事実です。ひどいことを言われたり、暴力をふるわれたりしても、子どもは親のことが大好きです。親と一緒にいたいと願います。そのような「子どもの無償の愛」に、「親が甘えない」ということがとても大事です。

親は子どものためにやっているつもりでも、本当にそうなっているでしょうか。他人にも同じことをするか、客観的な目で自分の行動を見つめることが大切です。

●良かれと思ってしたことで陥る「親子関係の悪循環」

親子関係や家庭の空気が悪くなると、子どもはその憂さを発散するために乱暴をしたり、他人に当たるなどの問題行動を起こすようになります。すると親は、その行動に対してますますイライラします。そして怒鳴ったり叩いたりします。その結果、よりいっそう親子関係が悪くなり、コミュニケーションがとれなくなっていきます。

怒鳴ったり叩いたりするのは、確かに最初は効果があります。「怒鳴ったら子どもが言うことを聞いた」時、それは親にとっての成功体験です。次も同じことをし、気づかぬうちにエスカレートしていきます。

でも、子どもはなぜ怒られているのかが分かりません。親から怒鳴られたり叩かれたりする理由が理解できず、いっそう問題行動を起こします。また、「バカ」「ダメな子」など自分を否定する言葉を言われ続けると、子どもは〈自分はダメな子だ、できない子なんだ〉と感じ、自己肯定感がどんどん下がります。すると、できることもできなくなってしまうのです。

多くの親は子どものかわいい寝顔を見て、「なんであんな言い方をしてしまったんだろう」「私はいつも怒ってばかり。前はこんなんじゃなかったのに……」と、反省や後悔の気持ちが出てきます。明日はニコニコ優しいママでいようと誓って寝るのに、日中は、子どもへのイライラが止まらない。その二つの気持ちの間で強い葛藤を感じます。そうして、親も子どもも苦しいのに抜け出すことができない、「親子関係の悪循環」に陥ってしまうのです。

●好循環に変える第一歩は気づき、変わろうと思うこと

けれども、悪い流れは変えることができます。安心してくださいね。

例えば、夜更かしの習慣で仕事に遅刻し、ミスばかりしていた人が、早起きに変えたら集中力がアップして仕事がうまく回るようになったということ、ありますよね。仕事がうまくいけば、心に余裕が生まれて、仕事終わりにジムに通い出すかもしれません。その結果、エネルギーに満ち溢《あふ》れた生活を送れるようになります。

このように悪い流れを良い流れへと変えるには、「現状のままではいけない」と気づき、変えようと思う力と、一歩を踏み出す勇気が欠かせません。そしてそれは、子育てにおいても同じなのです。親が自分の言動を見つめ直し、好ましい働きかけをするように心がけると、言葉が子どもに伝わりやすくなり、親子のコミュニケーション

が改善されていきます。すると子どもの問題行動が減り、親のイライラも減って、罰を伴うしつけをする必要がなくなります。親にも子どもにも笑顔が増え、好循環のサイクルが回り始めるのです。

一人で誰かのケアを抱え込むことは、科学的に見てもしんどい作業であると証明されています。それは高齢者の介護などの場合だけではなく、子育てでも同じです。親だから疲れないなどということはなく、親も心身共に疲労してしまいます。自分のことをおざなりにして人のためだけに生きていると、次第につらくなります。そんな自分をケアして本来の笑顔を取り戻すことも、親子関係を好循環に変えるためには必要なことなのです。

ペアレント・トレーニングでは、そのためのトレーニングを行うのですが、それにはまず、自分と子どもの現状を客観的に見て、どこに課題があるのかを知ることが必要です。はじめに次のワークに取り組んでみてください。文字にすることで整理でき、課題が見つかりやすくなります。子どもが寝静まった後など、一人で冷静に考えられる時間にやってみましょう。

悪循環
家庭内の空気が悪くなる
子どもの問題行動が増加
親がイライラ
怒鳴ったり叩いたりする
親子関係の悪化
好循環
好ましい働きかけ
子どもに伝わる
コミュニケーションが改善
子どもの問題行動が減少
親子が笑顔になる

ワーク1

子どもの〝いま〟を見つめてみよう

子どもを思い浮かべながら、①ほめたい点、もっと増やしたい良い点と②やめさせたい困った行動や良くない点を、それぞれノートなどに書き出してください。

ペアレント・トレーニングを学んでこれらにどう対応するか、今後の基本目標となります。

①あなたの子どもの良いところ、増やしたい行動はどのようなことですか?

例：弟に優しく、いつも面倒を見ている

「おはよう」などのあいさつや、「ありがとう」が言える、など

②あなたの子どもの困った行動、減らしたい行動はどのようなことですか？

例：食事に時間がかかる、途中で遊びながら食べる
電車の中で騒ぎ、注意すると泣いて余計にうるさくなる、など

第2章

自己肯定感を高める「ほめ方レッスン」

1 子どもとの信頼関係できていますか？

「ほめ方レッスン」に入る前に、親子の信頼関係について考えます。
親子だからといって、自然に信頼関係ができるわけではありません。
ここでは、ソーシャルワークの手法から
親子の信頼関係づくりに役立つものを紹介します。

●日常の会話を通して信頼関係を育む

ソーシャルワークは、日本語で「社会福祉援助技術」のこと。日常生活を送る上で困りごとがある人びとを適切に支援につなげるものです。しかし、困っている人というのは混乱状況にあるため、何が問題点なのか、どうしたらいいのかを自分で判断するのが難しいもの。そうした時に、ソーシャルワーカーが対話を通してそれを見つける必要があるのですが、最初から心を開いて何もかも話す人はまずいません。そこで、ソーシャルワークの相談援助の手法では、短時間でクライエント（相談者）との信頼関係を築き、アセスメント（評価・査定）する訓練をします。

ここでは、そんなソーシャルワークのエッセンスから、実際の親子関係にも応用でき、親子の信頼関係を育むために有効な手法を紹介します。

「あいづち」と「オウム返し」で子どもを認め、受けとめる

信頼関係を育む手法はいくつかありますが、基本となるのが「受容」です。受容とは相手を否定せず、相手のそのままを認めて受けとめることです。

人は認められ、受けとめられることで安心感を得て、信頼感をもちます。自分を否定し続ける相手を信頼することは難しいですよね。それは子どもでも同じです。まず受容し、次に「そうだね」と子どもの立場や心に寄り添い、共感することが信頼関係には欠かせないのです。

私は以前、児童養護施設に勤めていたのですが、施設に来たばかりの子どもたちは、

さまざまな事情から大人を信用できずにいます。何を言っても反抗します。でも、職員が毎日、「受容」と「共感」で子どもたちを受けとめ続けていると、徐々に変化していきます。二、三か月経過するとコミュニケーションがとれるようになり、こちらの話を聞いてくれたり、心を開いて話をしてくれるようになっていきました。

普段の生活で受容するには、二つの方法があります。

一つは「あいづち」です。子どもが学校であったことなどを話している時は、「うんうん。そうなんだ」「なるほどねー。それでどうしたの?」と、適度にあいづちを打つことが大切です。

もう一つは「オウム返し」です。例えば、「今日、体育で初めてサッカーしたんだ」と言ったら、「サッカーしたんだー」と返します。その時、「僕、サッカー嫌いなんだ」と言ったら、「そっかー、嫌いなんだね」とくり返します。

この二つの手法をくり返すことによって、子どもは自分の話を聞いてくれていると感じ、自分が認められているという安心感をもつことができます。言葉だけでなく、笑顔になったり驚いたりと表情や声のトーンを変え、ジェスチャーなども交えるとより子どもに伝わります。

「あいづち」も「オウム返し」もとても簡単なことですが、続けることでどんどん効果が高まります。ぜひ実践してみてください。

●子どものためを思っての〝口出し〟していませんか？

親子なら放っておいても自然に信頼関係が育まれる、ということはありません。逆に、親が良かれと思ってやっていることが、信頼関係を損ねている場合もあります。最近、特に増えているのが、子どものやることに親が「いちいち口出しする」「ダメ出しをする」ケースです。子どもが何かした時、認めてあげる前に「そうじゃないでしょ。こうしたらもう少しできるよね」と注意したり、指導したりしてしまうのです。

もちろん親は、子どものためを思ってしています。子どもには失敗をしてほしくない、苦労させたくない、効率が良くない、子どもががっかりする姿を見たくないという思いから、つい先回りして口出ししてしまうのです。親として、これまでの人生で経験した失敗や得た知識を、自分の子どもに活かしてあげたいと考えるのは自然なことでしょう。でもそれは、本当に子どもへの優しさでしょうか？

子どもには失敗する権利があります。やることなすことダメ出しされたり、指示をされ続けると、子どもはがっかりして、何をするのも嫌になってしまいます。親は自分を認めてくれていないと感じ、話もしたくなくなります。それでは信頼関係が育まれるはずはありません。

子どもをありのままに受けとめる「受容」は、日常生活ではついおざなりにされがちですが、親子関係を育むために最も基本的で大切なことです。「自分は大丈夫」と思っている親でも、子どもからすると「できていない」ことがとても多いのです。子どもの行動を注意したくなったりアドバイスしたくなったら、まずはぐっとこらえて受容し共感する。このことをいま一度、意識して会話してみましょう。

2 子どもの力をもっと引き出すほめ方

子どもの良いところを伸ばし、困った行動を減らすために最も効果的なのは、子どもを「ほめる」ことです。その際、「何がなぜ良いか」が伝わることがとても重要です。「ほめ方」レッスンを始めましょう。

●ほめられると達成感や自信が生まれ、自己肯定感が高まる

人は誰しももって生まれた性格や特性があり、それは簡単には変わりません。でも行動や習慣なら、比較的変えやすいのです。そこでペアレント・トレーニングでは、特に子どもの行動に着目し、その行動を変えるための働きかけを行います。これにより子どもの良い部分が伸び、問題行動を減らすことができます。

子どもの行動を変えるために最も簡単で効果的な方法は、「ほめる」ことです。「えらいね！」「できたね、すごいね！」などという言葉がけだけでも子どもにとっては大きな喜びです。「宿題、頑張っているね」など努力していることをほめられると、子どもは親が自分のことを見てくれていると感じ、もっと頑張ろうとやる気になります。もし失敗しても、頑張った過程や挑戦したことを認めてほめてもらえたら、再度チャレンジする気持ちが生まれます。子どもはほめられることで達成感が得られ、自信が生まれ、物事にポジティブに向き合うことができるのです。そして、「自己肯定感」が高まります。自己肯定感は生きる上で基礎となる重要なもの。上手にほめることは自己肯定感をも育むのです。

●ほめ上手になるための四つのステップ

ほめる際は、その意味が子どもにしっかり伝わることが肝心です。次の四つのステップを押さえて、「伝わるほめ方」を身につけましょう。

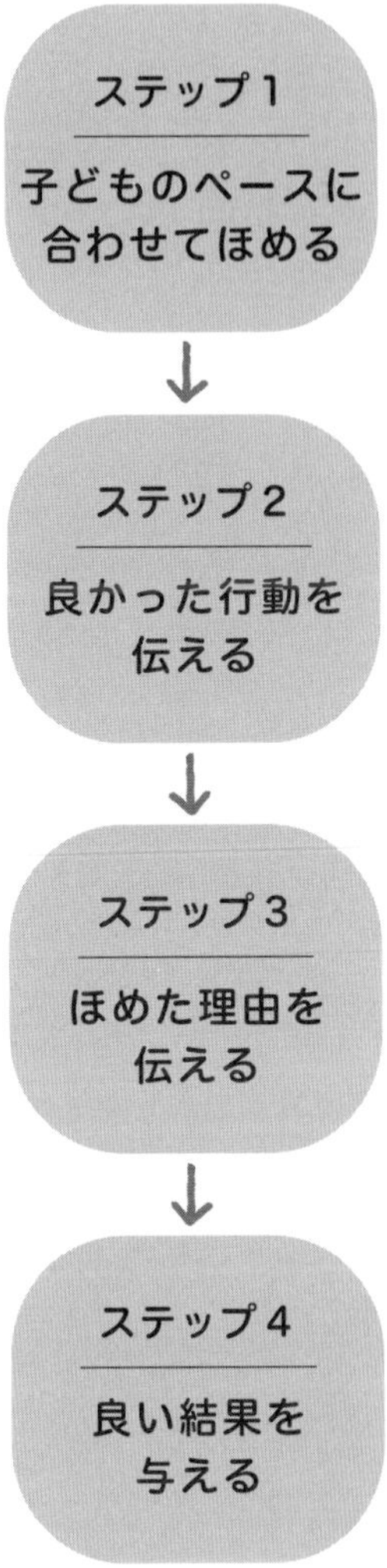

ステップ1▼子どものペースに合わせてほめる

最初に「頑張ったね！」「えらいね！」など、ほめたたえる言葉をかけます。この時、タイミングを逃さないことがポイントです。何十分もたってから「あの時の……」と言っても、子どもにはピンときません。良い行動を見た時や知った時にすかさずほめましょう。

これは「ペーシング」といって、相手の話し方や呼吸などのペースに合わせるコミュニケーションスキルです。親が子どものペースに合わせて、感心した様子を表現しましょう。

ステップ2▼良かった行動を伝える

称賛した後で「自分でおもちゃのお片づけができたね」など、どういう行動が良かったのかを言葉で伝えます。子どもにとっても、親が何を期待しているのか、何が望ましい行動なのかを、具体的に知る必要があります。この時に注意したいのは、「スモールステップ」でほめるということ。「できて当たり前」「やって当たり前」と思わず、「今日も頑張ってできたね」と、ほめてください。

成功した時だけでなく、挑戦して努力した過程をほめることも大切です。それによりチャレンジすることが大切だと思えるようになり、失敗してもチャレンジしようという気持ちがわいてきます。

ステップ3▼ほめた理由を伝える

次に、その行動がなぜ良いのか、その理由を伝えます。この時のポイントは、「子どもにとってメリットのある理由」であること。例えば、おもちゃを自分で片づけた時なら、「これで次に遊ぶ時、すぐにおもちゃを取り出せるね」など。さらに、「これで遊ぶ時間も増えるね」など具体的で分かりやすく、子どもの年齢に合った理由であることも重要です。

逆に良くないのは、「これでママが何度も言わずにすむね」「これでパパがお出かけできるね」など、「親側のメリット」を理由にすることです。また、「〇〇くんより早くできたね」など、他人と比べるのもＮＧです。他人に勝てばほめてもらえるという考え方が定着すると、他人に優越感を抱いたり、余計な競争意識をもったり、負けると自分を卑下したりするようになってしまう恐れがあります。

ステップ４▼良い結果を与える

良い結果とは、例えば「ママ、うれし

い」と言って頭をなでるなどです。子どもにとっては親が見ていてくれることがご褒美であり、うれしいものです。とびきりの笑顔でほめて、抱きしめましょう。なお、ご褒美にお金や菓子などの「物」を与えるのは避けましょう。「物」を投入すると、物への要求がエスカレートしていきます。それよりも「折り紙を一緒に折る」や「公園で一緒に遊ぶ」など、親子のコミュニケーションが図れることを良い結果として設定することをおすすめします。

子どもの行動を変えたい時、子どもを叱って悪い行動を減らすよりも、たくさんほめて良い行動を増やすほうがずっと簡単です。それに親も子どもも気持ちがいいもの。子どもの行動をよく観察して、ほめポイントをたくさん見つけましょう。

ワーク2

具体的にほめよう

子どもの良い行動を言葉で伝え、それがなぜ良いのか理由を伝える練習です。

まず課題1で練習し、課題2で実際にあなたの子どもの良かった行動をほめてみましょう。

①はじめに、良かった行動を言葉で伝えましょう
②次に、子どもにメリットのある理由を伝えましょう

例：お友だちにおもちゃを貸した時
①お友だちにおもちゃを貸すことができてえらかったね！
②これでお友だちと楽しく遊べる時間が増えたね！

課題1■次のシーンでのほめ方を①②の順に、考えてみましょう

・お手伝いをした時

・スーパーで騒ぐことなく一緒に買い物ができた時

課題2■自分の子どもの良い行動はどうほめますか?

3

実践！　ほめ上手な親になろう

「子どもはほめることが大切」と分かっていても
うまくできないと悩む方は少なくありません。
「ほめる」ためには技術と経験が必要だからです。
ほめ上手になるコツを知りましょう。

●まずは四つのステップをふり返りましょう

ほめ上手になるためには、次の四つのステップでほめることです。

ステップ1▼子どものペースに合わせてほめる

ステップ2▼良かった行動を伝える

ステップ3▼ほめた理由を伝える
ステップ4▼良い結果を与える

ママ・パパの中には、テストで百点がとれたなどの「具体的な成果がないとほめられない」と言う方が少なくありません。でも、大切なのは成果でなく「過程をほめること」です。「勉強を始めた」「弟に優しい言葉を言った」など、ささいな過程一つ一つをほめてください。その子のありのままを受けとめてほめましょう。子どもが「失敗しても受けとめてもらえる」と、思えることが大事です。

子どもが苦手にしていることにチャレンジしたら、「始めた時」「続けている時」「終わった時」と、細かく分けてほめましょう。細かくほめることが子どものやる気につながります。何よりも親に注目してもらっていることを子どもはうれしく感じるのです。

また、ほめ方の表現力が豊かだと、効果がより高まります。次のほめ方リストを参考に、表現力の幅を広げていきましょう。

●ほめ方の表現力を豊かにしよう

ほめる言葉リスト

かわいいね、すばらしい、うれしい
最高、応援している
えらいね、頑張ったね、頼りになるね
すごいね、上手だね
楽しみにしている、ステキね
ありがとう、思いやりがあるね
やったね、etc…

ほめるしぐさリスト

頭をなでる、拍手をする
抱きしめる、笑顔を向ける
膝にのせる

●子どもをほめることで、親もどんどんハッピーになる

親がほめ上手になることは、さまざまなメリットを生みます。

第一は、子どもの「自己肯定感」がアップすることです。自己肯定感が高い子は、人に認められているという安心感をもつことができます。たとえ失敗してもすぐに立ち直れますし、自分も他人も大切にできます。自己肯定感はその子がよりよく生きていくために、とても重要なものです。

第二は、親がハッピーになることです。ほめることは親にとっても楽しい作業です。ほめる時、人はたいてい笑顔になりますよね。いつも優しいママ・パパでいられますし、自然とハッピーオーラが出て、顔つきも明るく優しくなります。子どもをほめることで、親もどんどんハッピーになるという好循環が生まれ、ストレスが減って幸福感が高まります。すると、自然と自律神経が整うなど、体にも良い影響があるでしょう。

さらに、ほめ上手になることは、人間関係全般においてコミュニケーション能力の

アップにもつながります。ほめ方はビジネススキルとしても重要なもの。これが上手になると、職場復帰をした時や社会との関わりが出てきた時に大いに役立ちます。子育てが終わった後にも活用できるので、自分の財産となります。どんどんほめてスキルアップしてください。

●ほめると調子に乗るのでは!?

ほめると子どもが調子に乗るからほめないと、かたくなにほめることに対して抵抗する方もいらっしゃいます。けれども、子どもはほめられたからといって調子に乗って好ましくない行動が増えるということはありません。それよりも、子どもの良かった行動に着目しなかったり、気づいてもスルーすることで、子どもの発達に影響が出てしまうことを重視したほうがいいかもしれません。

発達心理学では、「心の理論」といわれているもので、他者の心を類推し、理解する能力のことです。自分と他者の心は違うことを理解したり、相手がどのように感じているかという人の心について思いをめぐらせることを指します。「親が子どもの行動に気づかないふりをする」「子どもの良い行動に対し言葉かけをしない」といった曖昧な養育態度をとることは、心について考える力や他者の感情を理解する力を阻み、負の相関関係があったという研究結果が発表されています（＊1）。子どもの心の発達のためにも、出し惜しみすることなく良い行動をほめられるようになるといいですね。

＊1　風間みどり・平林秀美・唐澤真弓（二〇一三）「日本の母親のあいまいな養育態度と四歳の子どもの他者理解――日米比較からの検討」『発達心理学研究』第二十四巻、一二六―一三八ページ。

●うまくほめられない時は、ほめる「ふり」でも大丈夫！

練習しても「どうしてもうまくほめられない」という方もいるでしょう。そういう場合は、「ほめるふり」や「ほめる人を演じる」だけでもいいのです。保育園や幼稚園の先生も、常に心からほめているわけではありません。日々、子どもたちと向き合う基本技術としてほめていることも多いのです。ですから、最初は作り笑いでもＯＫ。

気分が乗らなくても、あえてほめてください。それだけでも子どもには効果がありますし、続けていくうちに、少しずつ自然にほめることができるようになります。

ほめるところが見つからない時は、子どもの好きなことに乗るのも手です。子どもが電車好きなら、電車について教えてもらいましょう。すると「すごいねー」などの感情や言葉が自然と出てきます。

ほめることとは、子どもの良いところを親が見つけていくことです。それには、子どもをよく観察することが欠かせません。子どものことをよく見ていないと結果で判断するしかなく、「できないとダメ」になってしまいます。小さい子はしょっちゅう親に「見て見て！」と言いますよね。これは親に自分を見て認めてほしいためです。それに対して親も、「見守っているよ」というメッセージを返すことが大切。子どもをほめるチャンスはたくさんあります。言葉とスキンシップでたくさんほめてあげましょう。

ワーク3

ほめ方の練習問題にトライ！

次の「ほめ方のステップ」を復習した後で、課題に取り組んでみましょう。

【ほめ方のステップ】

1子どものペースに合わせてほめる

▼「すごいね！」「やったねー！」

2良かった行動を伝える

▼「自分でおもちゃをお片づけできたね」

3ほめた理由を伝える

▼「これで次遊ぶ時、すぐにおもちゃを取り出せるね」

4良い結果を与える

▼「ありがとう」の言葉かけや、一緒に遊ぶなどうれしい時間を共有

1
すごいね。えらいね
2
自分でおもちゃを
片づけられたね
えへへ
3
これで次遊ぶ時
すぐにおもちゃを取り出せるね
4
ママもうれしい
ギュー

課題■次の①②のシーンで、あなたならどのようにほめますか？
1〜4のステップに沿って考えてみましょう。

①家の中で気に入らないことがあり、
泣きわめいていた子どもが泣きやんだ時

例：ステップ1▼えらいねぇ
ステップ2▼泣くのを自分一人でやめることができたね
ステップ3▼これで一緒に楽しくお出かけできるね
ステップ4▼じゃ、出かけようか！

②学校から帰ってきた子どもが、
すぐに次の日の学校の準備をしていた時

例：ステップ1▼すごいねー！
ステップ2▼学校から帰ってきてすぐに明日の準備ができたんだね！

ステップ３▼これで夜、観たいテレビをゆっくり観られるね
ステップ４▼じゃ、一緒におやつの準備をしようか！

第3章

子どもに分かりやすい伝え方

1 相手に伝わるコミュニケーション法

「何度言っても子どもが言うことを聞かない」と
イライラすることはありませんか？
その多くは、子どもに正確に伝わっていないことが原因です。
「確実に伝えるために必要なこと」を知りましょう。

●まず、穏やかに伝えられる環境をつくる

第2章では「上手なほめ方」について練習しましたが、子どもに何か教える時、注意をする時などは、子どもが理解できるよう確実に伝えることが重要です。それには「分かりやすい言葉で伝える」ことですが、もう一つ、私たちにできることがあります。それは「穏やかに伝えられる環境をつくる」ことです。

例えば、ママがキッチンで夕食の準備をしていて、子どもが少し離れたリビングのソファでテレビを観ているシーン。もうすぐできあがるという時に、ママが「ごはんができるから、テレビを消して席について！」と声をかけても、子どもは動こうとしません。再び「テレビを消して席について！」とより大きな声で言っても子どもは生返事だけして動こうとしません。ついにママは怒り爆発で「ごはんって言ってるでしょ!!」と怒鳴るパターン……。

ご家庭でよくあるシーンではないでしょうか。まず、子どもがテレビや遊びに集中している時は、いくら声をかけても伝わりません。テレビ番組が終わるタイミングを見計らったり、遊んでいたおもちゃをいったん預かるなどして、「刺激のない環境」をつくることが大切です。

●伝わりやすい環境をワークで体感してみる

私たちが開催しているペアレント・トレーニングの講座では、いまお話ししたことを実際にママ・パパに体感してもらうためのワークを行っています。その手順は以下の通りです。

①二人一組になり、手を伸ばして届くくらいの距離で、顔を向き合わせて座ります。三十秒ずつ交互に好きな話をします。

②片方の人だけ立ち上がり、座っている人に向かって三十秒話をします。立つ・座るを逆にして同様に。

③次に背中合わせで座り、そのまま、交互に三十秒ずつ話します。

④背中合わせのまま、それぞれ一歩ずつ前に進みます。二メートルくらい離れた位置で、背中を向け合ったまま、交互に三十秒ずつ話します。

このワークをしてみると、最も話しやすいのは①であること、逆に最も相手の言うことが分かりにくいのは④であることが実感できると思います。ワークを体験された方は、②で座って話を聞いていると、高圧的な感じがしたとよく言われます。けれども、これは子どもが大人から話を聞いているシチュエーションと同じです。③④は相手の顔が見えず、声も聞き取りにくい状態です。多くのママ・パパはそれを解消しようと、このワークの最中、ふり向いて相手の背中に向かって話しかけたり、背中合わせなのに大きくうなずいたりします。

●家庭でよく見られる伝わりにくい環境とは？

ここで一つ質問です。先ほど挙げた例を思い出してください。家でママがキッチンに立って夕食の用意をしていて、少し離れたリビングのソファで子どもがテレビを観ている状況は、先ほどの四つのどれに当たるでしょう？

もう分かりますよね。ワークの④と同じです。顔が見えず、距離もある状態です。

この時、子どもはママの言うことを聞きたくないわけでも、無視しているわけでもありません。ただ、ママの言葉がきちんと伝わっていないだけです。テレビという刺激が目の前にあってママの顔は見えず、距離も離れているため、ママが何か言ったことは感じていても、内容は頭に入らないのです。これではコミュニケーションがとれません。

●伝える時の言葉は「具体的で簡潔」に

子どもに何かを伝える時に大事なのは、第一に気を散らす物（刺激物）を取り除くことです。テレビなどを観ていたら消す、おもちゃやゲームはいったん預かるなどして刺激をなくしましょう。ただし、親の都合で突然、一方的に取り上げるのではなく、子どもの様子を見ながらタイミングを図る配慮も大切です。

その上で、子どものそばに行って名前を呼び、座るなどして目線を同じ高さに合わせ、穏やかに伝えます。肩を優しく叩くなどのジェスチャーも加えると、より伝わりやすくなります。これをＣＣＱといいます。Calm（穏やかに）、Close（近くで）、Quiet（静かに）の略で、子どもへの伝え方のポイントです。

伝える「言葉」も重要です。例えば、「スーパーに行ったらちゃんといい子にしていてね」という表現はとても曖昧です。大人と子どもでは「ちゃんと」や「いい子」のイメージも違います。それよりも「スーパーではパパの隣にいてね」「欲しい物があっても買って買ってと言わないでね」など、子どもがその行動をとれるように具体

もー
ごはんだから席についてって言ってるでしょ!
じー
んー…
テレビ
ごはんだから席についてね
はーい

スーパーではちゃんといい子にしていてね
えー
ほしいものがあっても買って買ってと言わないでね
はーい

的な言葉で伝えることが大切です。ポイントは「具体的で簡潔」なこと。いくら具体的でも、多くの行動を組み合わせるような複雑な内容だと、伝わりにくくなってしまいます。

また、子どもを注意する時には、「ほんとにバカね!」「なんでいつも分からないの!」など、子ども自身を否定するようなことは言わないこと。否定され続けると子どもは、「自分はダメな子なんだ」と思うようになってしまいます。「ダメ!」という言葉も、できるだけ使わないようにしましょう。子どもに望ましい行動をとらせるには、「ダメ!」と怒るのではなく、やってほしい行動を具体的に伝えるほうがずっと効果があるものです。

ワーク4
やってほしい行動を言葉にしよう

例を参考に、課題1の各シーンの伝え方を考えましょう。
課題2では、あなたが日々困っている場面での伝え方を考えてください。

例：公園で遊んでいる時

×な言い方　「もう少ししたら帰るよ」

○の言い方　「あと十回ブランコをこいだら帰るよ」「四時になったら帰るよ」

課題1■次のシーンで、あなたならどのように伝えますか？

・お風呂に入るように言う時

・使ったおもちゃを片づけてほしい時

・病院の中で騒ぐのをやめてほしい時

課題2 ■ あなたが気になる場面での伝え方を考えてみましょう

2 子どもの「共感力」と「頑張る力」を育む

子育てにはしつけなど、いろいろな要素がありますが、最も基本であり重要なのは、「心を育てる」ことです。中でも重要といわれているのが「共感力」です。共感力を育むために必要なことを知っておきましょう。

●共感力は人の気持ちをくみ、寄り添うことができる力

現在はスイミングにバレエ、英会話、塾など、子どもに多くの習い事をさせるご家庭が増えています。子どもが知識や技術をどんどん吸収していく姿を見るのは、親としてもうれしいものです。このこと自体問題ではありませんが、知識や技術を身につけさせることと同時に、心を育てることをおろそかにしないようにしたいものです。

中でも、人が悲しんでいる時に自分も悲しいと思う心、人が喜んでいたら自分もうれしいと感じる心、つまり「共感力」を養うことはとても大切です。習い事はテストや発表会などがあり、成長や結果が見えやすいですが、「共感力」は目には見えません。じわじわと養成されて人間性として出てくるので、後回しにされがちです。しかし、最近では「エンパシー」という言葉で注目が集まっている重要な力です。

●親子で一緒に楽しむことで共感力が育まれる

共感力を育てるといっても、特別な技術は必要ありません。ただ親子で公園を散歩して自然を感じたり、絵本を読み聞かせたり、一緒に絵を描いたりするなど、親子で一緒に何かを楽しむ時間をもてばいいのです。そして、「楽しいね」「きれいだね」「すごいね」といった感情を共有することで、自然と共感力が育まれます。

一方、例えば子どもが「お腹が痛い」と訴えているのに、「そんなに痛くないよね?」「大げさに言わないで」など否定する声かけをくり返していると、子どもは心の理論の発達上、混乱を生じます。自分や他人の心の理解が妨げられ、結果的に共感力が低くなってしまうのです。

子どもが「見て見て！」と駆け寄ってきた時、それが親にとっては大したことでなくても、子どもにとっては大発見です。「後でね」「いま忙しいから」と適当な返事をするのではなく、「よく見つけたね」「おもしろいね」と共感してください。親と共有できたワクワク感が、子どもの心を育てていきます。

現代は共働きの家庭が増え、忙しすぎて時間がないという方も少なくないでしょう。しなければならないことに追われ、生活を前に進めることで精一杯かもしれません。でも、大切なのは共有する時間の「長さ」ではなく「密度」です。たとえ短くてもあきらめずに一緒に過ごす時間を取り入れてください。

私も数年前、とても忙しい時期がありました。毎日、終電帰り。子どもと会えるのは朝のお支度の時間のみでした。そこで、子どもを保育園に送っていく十分間、自転車に乗りながら毎日一緒に大声で歌うようにしました。こんなふうに、普段の生活の中でできる範囲でいいのです。何か一緒にできることを考えてみてください。そして、子どもをたくさんほめながら時間を共有しましょう。

親と楽しく過ごすことで、子どもは親が自分を見てくれていると感じ、安心感や愛されている実感をもつことができます。それが共感力をはじめとする心の発達に、大きな影響を与えるといわれています。

●目標を設けることで子どもの行動を変える

親子で一緒に楽しむことを応用して、子どもに直してほしいことや、やってほしいことを、分かりやすく伝えることも可能です。それが「がんばりカード」です。下にあるのは、「がんばりカード」の一例です。

「がんばりカード」を作るには、まず、子どもと相談しながら目標を決めます。「使ったおもちゃは自分で片づける」「毎朝七時に一人で起きる」など、分

かりやすい目標にするのがポイントです。次に、それを実践する日数分のスペースを作ります。二〜三週間ほどが、長すぎず短すぎず適度でしょう。目標が達成できた日の枠は子どもが色を塗ったりシールを貼ったりできるように、子どものやる気を引き出す工夫が大切です。かわいい絵を入れるなどカラフルにして、楽しいものにするのがコツです。一週間分達成できたら子どもが喜びそうなご褒美を用意しておくなど、途中に頑張れる要素を入れておくと、より楽しくトライできます。

全部の日が埋まった時のご褒美も、書き入れておくと張り合いが出ます。ご褒美はお金ではなく、一緒に博物館に行く、一緒にお菓子を作るなど、親子で時間を共有できて、子どもが喜ぶ内容がベストです。ただ、子どもの年齢によって喜ぶご褒美が異なるので、子どもと相談しながら、年齢や性格に合わせて決めるのが良いでしょう。カードが完成したら、見やすいところに貼り、親子で毎日一緒にチェックしていきましょう。親が参加することで、子どものやる気を引き出すことができます。

親子で時間を共有することは、子どもの心を育てると同時に、親が子どものことをよく知る機会にもなります。子どもへの理解が深まるので「どうしてこんなことができないの！」とイライラすることが減り、子どものありのままを受けとめることにつながります。それによって、親子のコミュニケーションを、よりよいものへと変えることが可能です。

ワーク5

一緒に楽しむ方法を考えて「がんばりカード」を作ろう

課題1では、子どもと楽しい時間を過ごす方法を、思いつくまま書き出しましょう。これから親子でやってみたいことでもOKです。

課題2では、72ページの例を参考に「がんばりカード」を作ってみましょう。

課題1■子どもと一緒に、どんな楽しい時間を過ごしますか？

例：シャボン玉を買ってきて一緒に飛ばす

課題2■「がんばりカード」を作ってみましょう

「目標」と、頑張った時の子どもへの「ご褒美」を子どもと一緒に考えます。
手頃な紙を用意し、次の手順に沿って「がんばりカード」を作ってみましょう。

①子どもと相談しながら、分かりやすい目標を一つ決める
②実践する日数（二〜三週間）分の枠を書き込む
③日付の枠は、子どもが色づけしたり、シールを貼ることができるようにする
④途中にも頑張れる要素を入れ、カラフルで楽しいカードに仕上げる
⑤全部の日が埋まった時のご褒美を、子どもと相談して決める

3 「お約束ごと確認」で怒らずに子どもの行動を変える

子どもの困った行動をやめさせたい時や何度教えてもできないことを解決したい時、親が怒らずに子どもを導く方法があります。それが「お約束ごと確認」です。

●「してほしい行動」を伝えて問題を効果的に解決

「お約束ごと確認」は子どもに前もって「してほしい行動」や「すると良い行動」を伝える方法です。これが効果を発揮するシチュエーションは二つあります。一つは入園・入学などで生活が変わる、新しいおもちゃを買う時など、「これから新しいことを始める場合」。二つ目は「問題行動をやめさせたい場合」です。

例えば、スーパーに行くたびにおやつを買ってほしいと駄々をこねる、学校の準備ができず毎日忘れ物をする、友だちがおもちゃを貸してくれないと手を出してしまうなどの時、感情的に叱りつけてしまいがちですが、「お約束ごと確認」をすることで、その子が苦手とすることを克服したり、問題行動に効果的に対処することができます。

●「お約束ごと確認」三つのステップと子どもへの伝え方

「お約束ごと確認」には三つのステップがあります。

ステップ1▼「してほしい行動」を伝える

子どもに、どんな時にどんな行動をするのが望ましいのか、親はどういう行動をしてほしいのかを、具体的に分かりやすく伝えます。ここで大切なのは、落ち着いて話せる場面で伝えることです。子どもが問題行動をとった時は、親も子どももイライラして感情が高ぶっています。そういう時に怒りながら強い口調でどうすべきかを言っても、上手に伝えられませんし、子どもの頭にも入っていきません。それよりも家でリラックスしている時など、子どもと落ち着いて話せるタイミングで「あのね、お話があるんだ」と明るく切り出しましょう。

ステップ2▼行動の理由を説明する

次に、その行動をすると良い理由を説明します。ここでのポイントは、「子どもにとってメリットのある理由」であること。子どもの年齢に合った具体的な理由を説明することで、子どもも納得でき、自分から行動するようになります。

ステップ３▼実際に練習する

最後に、やってほしい行動を実際に子どもに練習してもらいます。できたら、「よくできたねー」「上手にできたね」とたくさんほめてあげてください。

以上が「お約束ごと確認」のステップです。では具体的に、例を挙げてみます。

例①　子どもにおもちゃを片づけることを教えたい場合

ステップ１「ママが寝るよって声をかけたら、〝分かった〟と返事をして、すぐにおもちゃを片づけてね」

ステップ２「早く片づけたら、お布団で好きな絵本を読む時間が増えるよね」

ステップ３「じゃ、一度やってみようか」（子どもができたら）「よくできたね!! じゃあ遊んできていいよ」

例②　食事の際にすぐ席につくことを教えたい場合

ステップ１「ごはんだよって呼んだら、〝はい〟と言ってすぐに席についてほしいの」

ステップ2「そうしたらごはんの後に遊べる時間が増えるよ」

ステップ3「一度やってみようか」（子どもができたら）「上手にできたね!!　じゃあ遊んでいいよ」

イメージがつかめたでしょうか？「お約束ごと確認」で特に大事なのがステップ3の練習です。これをすることで、伝えたことを子どもが理解できているかの確認ができますし、子どもが実行できる可能性を高めることにもなります。子どもができなかった場合にも、言われたことが理解できていないのか実行する力がないのかなど、原因を知る手がかりになります。

また、ステップ1～3にダラダラ時間をかけないこともポイント。楽しい雰囲気でコンパクトに練習し、できたらしっかりほめましょう。

「親子関係の悪循環」に陥らないために

子どもがスーパーなどのお店で問題行動をとる場合は、出かける前に「約束は覚えている？」と声をかけ、再度練習すると、効果が高まります。また、しばらくして元に戻ってしまった時は、「この前約束したよね」と声をかけて思い起こさせ、改めて理由を伝えて練習しましょう。

子どもに問題行動が続くと、つい「今度同じことをしたら承知しないわよ」「もうおもちゃを買ってあげないよ」と脅してしまう方も多いと思います。その一瞬は効果があるかもしれませんが、子どもは納得できていないので、問題行動は減るどころか増えることにもなりがちです。すると、親子関係がどんどん悪くなる「悪循環」にハマってしまいます。そうならないためには、まず親が落ち着くことが大事です。

「お約束ごと確認」では親が怒鳴ることな

く、笑顔で子どもに接することができます。私自身も実際に多用していますが、子どもにとって分かりやすいだけでなく、親も冷静に穏やかでいられる良い方法だと実感しています。

ワーク 6

「お約束ごと確認」の伝え方を考えよう

次のような状況の時、子どもにどのような言葉で伝えるか考えてみましょう。
お約束ごと確認のステップの順に沿って実際に子どもに伝え、練習しましょう。

・手洗いすることを教えたい時、どう伝えますか？
・お友だちがおもちゃを貸してくれません。相手を叩いたりせずに自分の思いを伝えることを教えたい時、どう伝えますか？

・食事の際、テーブルに肘をつかないで食べることを教えたい時、どう伝えますか？

最後に、いま問題だなと感じている自分の子どもの行動に対して、どのようなお約束ごと確認を行うか、考えて練習してみましょう。

4 子どもが行動しやすい環境づくり

子どもがいまやるべきことや、次にやることなどを分かりやすく示し、行動しやすい環境に整えます。
これによって子どものストレスが減り、
結果的に問題行動が減るといわれています。

●絵や写真、図などを使い視覚化する

子どもが行動しやすい環境をつくるためには、三つの「構造化」が必要です。構造化については、アメリカ・ノースカロライナ州立大学を基盤に実践されている「ＴＥＡＣＣＨプログラム」でまとめられています。

一つ目は「場所の構造化」。どこで何をすればいいのかを分かりやすく示すと同時

に、子どもがやるべきことに集中できる環境を用意します。

二つ目は「時間の構造化」で、いわゆるスケジューリングです。朝何時に起きて何をするか、何時に家を出て学校に行くなど、子どもがやるべきことを整理します。これを行うことで、子どもはその日にどんな活動が待っていて、いま何をすればいいのかなどの見通しを立てることができます。

三つ目が「活動・学習の構造化」で、具体的な手順を示します。学校に持っていく物はいつ、どういう手順で用意するのか、着替えて脱いだ服はどうするのかなど、一つ一つの手順を詳しく示します。

これらを行う際に重要なのは、三つすべてを「視覚化する」ことです。例えば、おもちゃを片づけてあるカラーボックスの写真を見せ「これと同じように片づけてね」

と伝えると、自分で片づけられるようになるなど、絵や写真、図など使い、子どもが見て理解できるようにします。また、子どもは一人ひとり性格も理解度も異なります。個々に合わせたオーダーメイドの構造化をすることが大切です。

●勉強の場と遊ぶ場を色分けして示す

例を挙げて説明しましょう。例えば、宿題をやらない子に、自主的にやるよう環境設定するには……。

【場所の構造化】

宿題に集中できる環境を用意します。家の中で勉強する場と遊ぶ場を決め、勉強する場には机と勉強用の道具のみを置きます。さらに、ついたてやカーテン、観葉植物などで勉強の場を仕切り、落ち着いて集中できる場にすることが大切です。勉強の場には青いラグ、遊び場には黄色のラグを敷くなどして視覚的に分かりやすくするのもよいかもしれません。

【時間の構造化】

子どもが落ち着いている時に声をかけ、「学校から帰ったら、夕方四時から机で宿題をしようね」とスケジュールを決めます。親が一方的に示すのではなく、子どもと相談し合意することが大切。決まった内容は、イラストや図などを交ぜて書き出し、勉強の場などに貼っておきます。

【活動・学習の構造化】

「帰宅したらランドセルの中身をすべて机に出し、そこから宿題を取り出してやり、終わったらママに見せてね」など、具体的な手順を教えます。これもイラストなどを加えながら書き出し、勉強の場に貼るのもよいでしょう。

指示をする際、親は「宿題をちゃんとやっておきなさい」などと言いがちですが、「ちゃんと」や「しっかり」などの言葉は曖昧で、子どもには伝わりにくいものです。具体的にいつ何をどこで、どういう手順でやるかまで視覚化することで、子どもは習慣として身につけやすくなります。

●構造化で、親も自分の育児を整理できる

例えば、子どもが忘れ物が多い場合、多くは怠けているわけではありません。逆に、親をがっかりさせたくない、頑張りたいと思っているのだけれど、気が散りやすい特性などで、一つのことに注意を向け続けるのが不得意な場合も多くあります。しかし、親はそれに気づかず、露骨にがっかりして見せたり、不必要な罰を与えたりしがちです。子どもにとって、親のこうした行動は最も大きなダメージで、強い劣等感を抱いたり、高じてうつや不登校などにつながるケースも少なくありません。特に、「普通の子はできるよ」と他の子と比べたり、「あなたの頑張りが足りない」など、子どもの人格を否定するようなことは決して言わないようにしましょう。

三つの構造化は、ここ数年、学校や保育園などでも多く採り入れられているもので、子どもを導く上でとても有効な方法です。同時に、親にとっても生活環境を客観的に見て、整理することができます。仕事では論理的に物事を整理し進めることができる方でも、育児では忙しさやさまざまな出来事に混乱し、自分の都合や感情で動くこと

が多くあります。そのため子どもやパートナーには理解されず、誤解やケンカの原因にもなりがちです。育児を論理的に視覚化し、子どもだけでなくパートナーにもシェアすることで、共通認識や協力体制ができ、家族のコミュニケーションも良くなります。視覚化には時間も手間もかかります。でも、やっただけの効果は得られるものなので、ぜひ上手に時間を作り、丁寧に準備をしてほしいと思います。

ワーク7

環境づくりの方法を具体的に考えよう

毎日何かしら忘れ物をする子どもが、忘れ物をしないようにするために、どのように環境を設定するか、次の①～③の順に考えてみましょう。

①場所の構造化

例：学校に持っていく物があちこちに散らばっていると、忘れ物が多くなります。カラーボックスや棚など、学校で使う物を一か所にまとめておける場所を用意しましょう。取り出しやすくするため、整理した状態の完成写真を撮って貼り、「同じように置いてね」と伝えます。

②時間の構造化

例：子どもが落ち着いている時に声をかけ、「毎日、宿題が終わったら必ず明日の準備をしようね」などと、スケジュールを相談します。子どもがルーティン化しやすいタイミングを決め、イラストや図などを入れてスケジュールを作り、貼っておきます。

③活動・学習の構造化

例：毎日学校に持っていく物をリスト化し、置き場所の棚やカラーボックスに貼ります。箱を新たに用意し、「宿題の後、翌日持っていく物をすべて箱に入れてね。翌朝、箱の中の物をすべて学校に持って行くのよ」などとルールを決めます。これらの手順もすべて、イラストや写真などで視覚化し、貼っておきます。

親子のやりとりがスムーズになる技法 1

「セレクト」

●「自分で決める力」と「やり抜く力」を育む

これは、子どもに選んでもらう「セレクト」という方法で、すでに自然に子育てに採り入れている方が多いと思います。

忙しい時や「こうでなければいけない」という思いが強い場合には、つい「こうしなさい」と命令してしまいがちです。しかし、二〜三の選択肢を提案して選んでもらうことで、親にはゆとりが生まれ、子どもも圧迫感を受けずにすんで良いといわれています。

例えば宿題をしてほしい時は、「朝起きて宿題をするか、夜ごはんの前にやるか、どちらの時間にやりたい？」と投げかけます。クイズのように、ワクワクできるように聞くのがいいと思います。子どもが選んだら、「いいね、それ」と肯定的なあいづちを打ちましょう。もしも子どもが別の案「お風呂の後にする」などを出してきたら、目的（宿題をする）から外れていなければ賛同します。そして子どもに、自分で決めたことに責任をもつよう伝えることも大切です。

■セレクトのメリット

「セレクト」の最も大きなメリットは、子ども自身に「自分で決める力」が育つ点です。小さい頃から選択を積み重ねることで、自分自身を理解できたり、先の予測が立つようになったりします。上手に選択するには知識が必要ということも分かってくるので、知ろう、学ぼうとする姿勢も芽生えます。そして「自分で決めたからにはやらなければいけない」という責任感も育まれます。これらは子どもが成長して大きな決断をする際や、社会に出て生きていく上で、とても重要な力になります。

■親が注意すべきポイント

選択肢は小さなことで構いません。どんなことにも選択肢を与えて選んでもらうことが重要です。ただし、親が「子どもに何をしてほしいのか」という目的を明確にしておくことが必要です。子どもが食事中にグズグズしている時、「早く食べさせたい」のか「栄養をとらせたい」のか、目的によって選択肢は異なります。しかし、忙しいとつい視野が狭くなり、「全部を早く食べさせなければ！」と一つの目的に固執して意味のない攻防をくり広げることにもなりかねません。そうならないよう、親自身が何を目的にしているかをクリアにしましょう。

また、親はさまざまな経験をしているため、つい先回りして子どもに何を選ぶべきか教えたり、良いと思うものを選ぶよう誘導したりしてしまいがちです。しかしそれでは、自分で決める力や責任感は育ちません。たとえ答えが分かっていても、子ども自身に選ばせることがとても大切です。

第4章

困った行動への対処法

1
親のイライラ、怒りを落ち着かせる方法

子どもの困った行動に対処する時、親が落ち着いていないと良い結果は得られません。ここでは「親の怒りやイライラを落ち着かせる」ことに着目してお話しします。

●関係の悪循環に陥らないために、親が「落ち着く」ことが重要

親が子どもの問題行動に対処する時、スムーズにいくことはほとんどありません。親が理由を説明しても、子どもが「だって！」と感情的に反論したり、親の心をかき乱すようなことを言ったりします。それにカッとなり、怒鳴ってしまうこともあるで

しょう。でも、そのようなやりとりが続くと、互いに怒りや不信感が募り、親子関係はどんどん悪くなります。そんな悪循環に陥らないためには、「親が落ち着いて冷静に子どもに対応する」ことが非常に重要になります。

そもそも子どもの困った行動とは、「親にとって困った行動」です。お店の中で大声でぐずる子どもを見て、「子どもはこのくらい元気なほうが良い」ととらえる親もいれば、「いけない行動だからやめさせなきゃ」と考える親もいます。「こんなに自己主張できるなんて将来が楽しみ」と感じる親もいるかもしれません。何が問題行動かを決めているのは親自身であり、親の価値観が大きく関係しています。

でも、価値観は親と子で違うのが当たり前です。自分はどのような価値観をもっているかをふり返り、子どもに自分の価値観を押し付けすぎていないかということを常に自問自答しながら対応することが大切です。

とはいえ、頭で分かっていても、いざ子どもが問題行動を起こすと、イライラしたり腹が立ってしまうもの。その時、自分を落ち着かせる方法を知っておくと、どのような状況にも上手に対処できます。

●怒りを感じた時、あなたの心身が発する「サイン」とは？

それでは、102ページのワークをやってみましょう。

ワークのテーマは二つあり、最初が「落ち着くためのMyガイドを作る」です。人は誰でも怒りを感じた時、心や体がその予兆ともいえるサインを発します。その時に落ち着くための行動をとると、イライラや怒りをエスカレートさせることなく鎮めることができます。怒りのサインや落ち着くための行動はさまざまで、次のようなものが多く見られます。

【イライラ・怒りのサイン】

・心臓がドキドキしたり脈打つのを感じる
・顔や頭が熱くなる
・呼吸が浅く速くなる
・歯を食いしばっている

・手に力が入っている
・早口になる　など

【落ち着くための行動】

・ゆっくり数をかぞえる
・深呼吸をする
・部屋を出る、他の場所に行く
・誰かに話をする
・炭酸を飲む
・クラシック音楽を聴く　など

落ち着くための行動には、必ず刺激が伴う行動を入れるようにしましょう。中でも、特に効果が高いといわれているのが「深呼吸」です。深呼吸をすることで、自律神経が整うことも分かっています。自分なりの落ち着く方法がまだ分からないという方は、まず深呼吸を試してみましょう。怒りのサインを感じたら、深呼吸を最低五回してみ

てください。最近では、スマートウオッチ（腕時計型の端末）などの機能を活用するのも効果的です。

「落ち着くためのＭＹガイド」が作成できたら、手帳やスマホに保存したり、壁に貼って、怒りを感じた時に見られるようにしましょう。

●時にはネガティブな感情を伝えることも大切

ワークの二つ目のテーマは「気持ちを伝えるアイ・メッセージ」です。「アイ」とは英語の「Ｉ」で、自分を主語にしたメッセージのこと。親は子どもに「うれしい」「楽しい」などのポジティブな感情は伝えやすいのですが、「悲しい」「嫌だ」「つらい」などのネガティブな感情は言いにくいもの。でも、親も人間です。空腹だったり疲れていたり、体調が悪いなどで、イライラしやすい時もあります。それを見せまいと抑え続けていると、いつか爆発し、余計に子どもを傷つけてしまうことになりかねません。そうならないために、時には子どもに自分のネガティブな感情を伝えることも必要です。

例えば、子どもがふざけて叩いてきた時、「ママ、痛いよ。叩かれるとすごく悲しい」など、目を見ながら「アイ・メッセージ」で伝えます。これにより、子どもは「親も完璧ではなく、痛かったり悲しかったりする人間なんだ」と学びます。そういうことを少しずつ見せて伝えることも、子どもの成長に大切な要素となります。

ネガティブなことを伝える際、親の多くがやりがちなのが、相手を主語にした「ユー（YOU）・メッセージ」で言うこと。「どうしてあなたはこうなの」「あなたのせいで痛いのよ」といったユー・メッセージは、「怒りを引き出すメッセージ」ともいわれ、関係を悪化させてしまいます。「普通は○○するよね」「○○が常識だよね」などもユー・メッセージの言い換え形なので、避けるようにしましょう。

ワーク8

落ち着きを取り戻し、気持ちを伝えるレッスン

子どもに対して怒りが高まる場面で、落ち着きを取り戻す手順、ガイドを作成してみましょう。
その後で、「気持ちを伝えるアイ・メッセージ」を考えてください。

課題1■落ち着くためのMyガイドを作りましょう

①子どもに対して怒りが爆発するのはどんな時？
例：同じことを何度言っても言うことを聞かない、など

②怒りがわいた時に自分自身で感じるサインは？
例：早口になる、顔が熱くなる、など

③落ち着くためにとっている行動は？
例：深呼吸をする、椅子に座る、など

【落ち着くためのMyガイド】

今度「　　　　　　　　」が起こって

「　　　　　　　　　」というサインを感じたら

「　　　　　　　　　」をして落ち着きます。

課題2■アイ・メッセージで気持ちを伝えましょう

例：「お母さん、うれしいな！」

「お父さん、痛かったよ！」

2 子どもの困った行動への対処〈基本編〉

育児には対処に困ることが多々あります。子どもの問題行動は、すぐにやめさせたいものの一つです。ここでは、子どもの困った行動への対処法について具体的に考えていきます。

●「子どもの困った行動」は大きく分けて二つ

困った行動は、子どもによってさまざまですが、大きく二つに分けることができます。「自分や人を傷つけてしまう行動」と「好ましくない行動」です。前者は、暴力をふるう、ライターなど危険な物で遊ぶなど、ケガや災害を引き起こしてしまう行動です。後者は、お店で大声を出してぐずる、人前でふざけて下品な言葉を言う、就寝時間が過ぎてもゲームで遊んでいるなどの行動です。

「自分や人を傷つけてしまう行動」の場合、親は毅《き》然《ぜん》とした態度ですぐやめさせ、被害を最小限に抑えることが最優先です。そのためには大声を出しても構いません。口頭で注意しても聞かない場合は、危険な物を取り上げ、子どもを別室に連れて行くなどしてその場から離しましょう。ただし、叩いたり、「バカじゃないの！」など子どもの人格を否定するような暴言は厳禁です。

一方、「好ましくない行動」の場合は過剰に反応せずに、落ち着いた口調でやめさせ、どういう行動をしたらいいかをゆっくり論理的に伝えることが大切です。さらにその後、伝えた行動を子どもができるようにする必要があります。

そのためには、次の四つのステップで、論理的に伝えるのが効果的です。

●「好ましくない行動」を変えるための四つのステップ

ステップ1▼問題行動を止める

まず、問題となっている行動をやめさせます。感情的に怒鳴らず、落ち着いた口調で伝えることが大切。テレビやゲームなど、子どもに刺激を与える物がある場合は、消す、取り上げるなどします。

ステップ2▼子どもにとって不都合な結果を与える

次に、子どもにとって不都合な結果を与えます。例えば、「今日の夜はテレビ禁止」など、子どもが「しまった！」と感じるようなことです。ただし、すごく嫌なことではなく、ちょっと嫌で「しまった！」と思う程度であることが大切です。親がイライラしている時などは、「おやつ一週間抜き！」など大げさなものになりがち。でもそれでは理不尽な印象ばかりが残り、嫌な思いを何日も引きずることになります。できるだけその日のうちに完結する内容にしましょう。

ステップ3▼望ましい行動を説明する

何がいけないのか、どういう行動をとるべきなのかを説明します。短く論理的に伝えるのがポイントです。

ステップ４▼子どもに言ってもらい確認する

　ステップ３で説明したことを、子どもに言ってもらいます。これによって子どもが「自分がやるべき行動」を理解できているかが確認できるので、とても重要なステップです。言えなかったり間違えていたりする場合は、ステップ３・４をくり返します。言えた時は「よくできたね！」など、ひと言でもいいので、間髪いれずほめましょう。

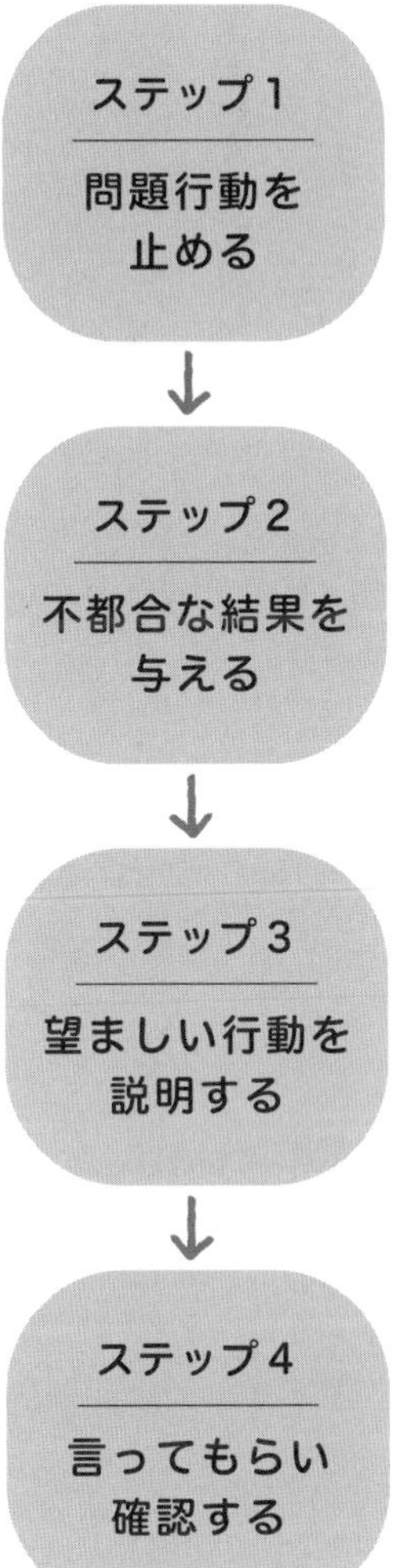

　親としては、こういう機会にじっくりお説教をしたくなりますが、四つのステップのいずれもくどくど長引かせるのは逆効果。端的に分かりやすく伝えることが大切です。そして最後は、ほめてポジティブに終わらせること。これによって互いに嫌な気

持ちを引きずらずにすみます。

●例題：親との約束を破った時。子どもの行動を変えるには？

具体的に例を挙げて考えていきましょう。「テレビは宿題の後に観ると約束していたのに、宿題をせずに観ていた」という場合は……。

ステップ1「テレビを消しなさい。このアニメ番組が好きなのは知っているけれど、宿題がまだだよね」

「このアニメ番組が好きなのは知っている」と共感して気持ちに寄り添ってから、「でも宿題がまだ」と現状を説明するのがポイントです。

ステップ2「宿題後も三十分テレビ禁止よ」

「もうテレビは観られない」ではなく、「三十分は観られない」など具体的に伝えます。

ステップ3「テレビは宿題後の約束だよね。早く宿題をすれば、たくさん観られるでしょ」

現状を伝えて約束を思い出させ、早く宿題をするメリットを論理的に伝えます。

ステップ４「どうしなければいけないか言ってみて」

どんな行動をとるか具体的に言えたら「よくできたね！」とほめ、「じゃあ宿題をしようね」と励まして終わらせます。

●「共感」は子どもに接する時の基本のキ

先ほどステップ１で、「共感してから現状を説明するのがポイント」とお伝えしましたが、これには重要な意味があります。「好ましくない行動」を変えたい時、頭ごなしに「ダメよ。○○しなさい」と言っても、子どもは聞きません。頭ごなしに言われた時点で子どもの頭と心にシャッターが下り、親の言葉が届かなくなるのです。でも、こちらが共感を示すと子どもも耳を傾けてくれ、その後で説明することで、落ち着いて聞いてくれます。「共感」は子どもと接する時の「基本のキ」と言えるのです。

●問題行動に対処する時は「最後にほめる」

この対処法では、三つの点に注意が必要です。一つ目は「問題行動に集中する」こと。子どもが大きくなると、「なんで私ばかり」「友だちはこんなことしない」など、話がそれるようなことを言ってきます。でも、それに惑わされたり怒り出すなどして、子どもの言動に引っ張られてはいけません。最初の問題行動にのみ集中してください。また、話の焦点を一つに絞ることも大切です。「昨日も約束を守ることができなかったよね」と他のことまでもち出すのは厳禁。いろいろ言いたくなっても我慢して、一つずつ対処していくようにしましょう。

二つ目は「しまったと思う結果は臨機応変に決める」こと。例えば「これから三十分はテレビ禁止」と言ったけれど、子どもが反省して練習もできているなら「十五分に減らす」のもありです。子どもの様子をよく見ましょう。

注意点三つ目は、「ほめるのを忘れない」こと。問題行動に集中していると、だんだんほめることを忘れがちになります。でも、練習でできた時にほめないと、子どもの「良い行動」に目が向かなくなり、その問題行動がなくなったとしても、子どもの「良い行動」全体が伸びなくなってしまいます。「最後にほめるのは問題行動に対処する時の基本」と覚えておきましょう。

1
えー！
テレビを消して。お片づけの時間だよね
2
片づけないでテレビを見ていたから今日は寝る前に絵本を読むのはなしね
ももたろう
えー
3
8時になったらテレビを消してお片づけする約束だよね
うんうん
4
8時になったらテレビを消してお片づけする
よくできたね！

ワーク 9

よくあるシーンで四つのステップを考えよう

次の二つのシーン（課題）で、問題行動への基本の対処法四つのステップを、それぞれ考えてみましょう。

【困った行動への対処法四つのステップ】のポイント

ステップ1▼問題行動を止める

行動をやめさせるために子どもにどんな言葉をかけますか？

ステップ2▼子どもにとって不都合な結果を与える

子どもが「しまった！」と思う結果は何ですか？

ステップ3▼望ましい行動を説明する

子どもにやってほしいことを、どのような言葉で説明しますか？

ステップ4▼子どもに言ってもらい確認する

子どもに何と言って練習させ、できたらどうほめますか？

課題1■子どもが洗面所で水遊びを始め、洗面台や床が水浸しになった！

例：

ステップ1▼「○○ちゃん、水道を止めなさい」

ステップ2▼「水遊びしたいのは分かるけれど、洗面所は手を洗う場所でしょ。水でびしょびしょになったから、○○ちゃんが自分で拭いてね」

ステップ3▼「洗面所では手を洗うと説明したよね。水遊びがしたかったら、夜にお風呂で遊ぼうね」

ステップ4▼「手を洗ってみて。一人で上手にできたね！　じゃあ洗面所を拭こうね」

課題2■きょうだいで絵本の取り合いをしている！

例：

ステップ1▼「絵本をママに渡して」

ステップ2▼「絵本を読みたいのは分かるけれど、ケンカは良くないよね。仲良く読めなかったから、次に図書館に行った時には絵本を借りないよ」

ステップ3▼「取り合いになったらジャンケンって決めたよね。そうすればケンカしなくてすむでしょう」

ステップ4▼「どうするかやってみて。よくできたね！　今日は勝った○○ちゃんが先に読んで、読み終わったらすぐに渡してあげようね」

※課題2では、きょうだいでもめた時にどう解決するか、ルールを決めておくことが大切です。今回の四つのステップを行うには、子どもが落ち着いている時に、「お約束ごと確認」で約束したことを伝え、練習しておくことが前提です。ただし、何度練習しても子どもは忘れます。練習をくり返すことで、少しずつ学んでいきます。あきらめずに何度も伝えることが重要です。

3 子どもの困った行動への対処〈応用編①〉感情とのつきあい方を教える

子どもの問題行動に対処している時、注意された子どもが逆ギレして新たな問題行動を起こすことはよくあります。その時、親はどうしたらいいのでしょうか。

●子どもがキレても、その「土俵」に上がらない選択を

問題行動を止めようとした時に、子どもが反発して怒鳴ったり暴れたりすると、親も感情的になり、暴言・暴力へとつながりやすくなります。それが続くと、子どもは親のやり方を学び、手本としてしまいます。そうならないよう、親が上手な対処法を

身につける必要があります。

例えば、「晩ごはんよ」と呼んだらすぐテーブルにつく約束をしていたのに、いくら呼んでもゲームを続けている十歳の男の子のケースで考えてみましょう。ゲーム機を取り上げるとキレて、「ママなんて大嫌い！」と物を投げつけてきました……。

■対処法・第1段階

①まず親自身が落ち着く

96ページの「親のイライラ、怒りを落ち着かせる方法」で、どうすれば自分が冷静になれるか、みなさんに考えていただきましたね。それをここで実行してください。私の場合、冷静になりたい時には、ハワイのビーチを思い浮かべながら深呼吸を五回行うようにしています。後述の「セルフコントロール力を高める呼吸法」（148ページ）を活用するのもおすすめです。

②気持ちを落ち着かせる方法を伝える

次に、子どもに気持ちを落ち着かせる方法を伝えます。「ゲームがしたい気持ちも分かるよ」とまず共感し、「でも晩ごはんなのにゲームをやめず、止められたらキレて物を投げるのは良くないよね。自分の部屋で深呼吸して落ち着きなさい」と伝えます。

③落ち着くまでの時間を与える

しばらくして子どもの様子を見に行き、まだふてくされていたら「また様子を見に来るから落ち着きなさい」と言い、子どもに落ち着く時間を与えます。

第１段階で必要なのは、「子どもと同じ土俵に上がらない」こと。いくら子どもが反抗して挑発してきても乗らず、自分から土俵を降りることが大切です。二人とも落ち着いたら第２段階に進みます。

●落ち着いてから子どもの気持ちと行動に働きかける

段階を二つに分けているのは、その間に親も子も落ち着く時間が必要だからです。数十分かけても良いので、冷静になることが大切です。

■対処法・第２段階

①共感的表現をする

子どもが落ち着いたら、「あなたがいまゲームをしたい気持ち、ママもすごく分かるよ」と、まずは共感の言葉をかけます。

②状況を説明する

「でも、今日みたいにキレても良いことは何もないよね。落ち着いて考えると、何が悪かったか自分で分かるでしょう」と状況を説明します。

③落ち着くヒントを子どもに与える

「次からキレそうになったら深呼吸をしてみて。ママもさっき深呼吸したら落ち着いたのよ」など、子どもに落ち着くための行動を教えます。

④落ち着くヒントを練習させる

「ママと一緒に深呼吸してみよう」と声をかけ、一緒に深呼吸の練習をします。その後、最初の問題行動について話します。「ゲームは晩ごはんまでという約束だったよね。ゲームを片づけてごはんを食べましょう」と、最後は明るく言って終わらせます。

混乱しやすいのは、「晩ごはんになったらゲームをやめるという約束を守らなかった」という問題行動の後に、「気に食わないことがあるとキレる」という新たな問題

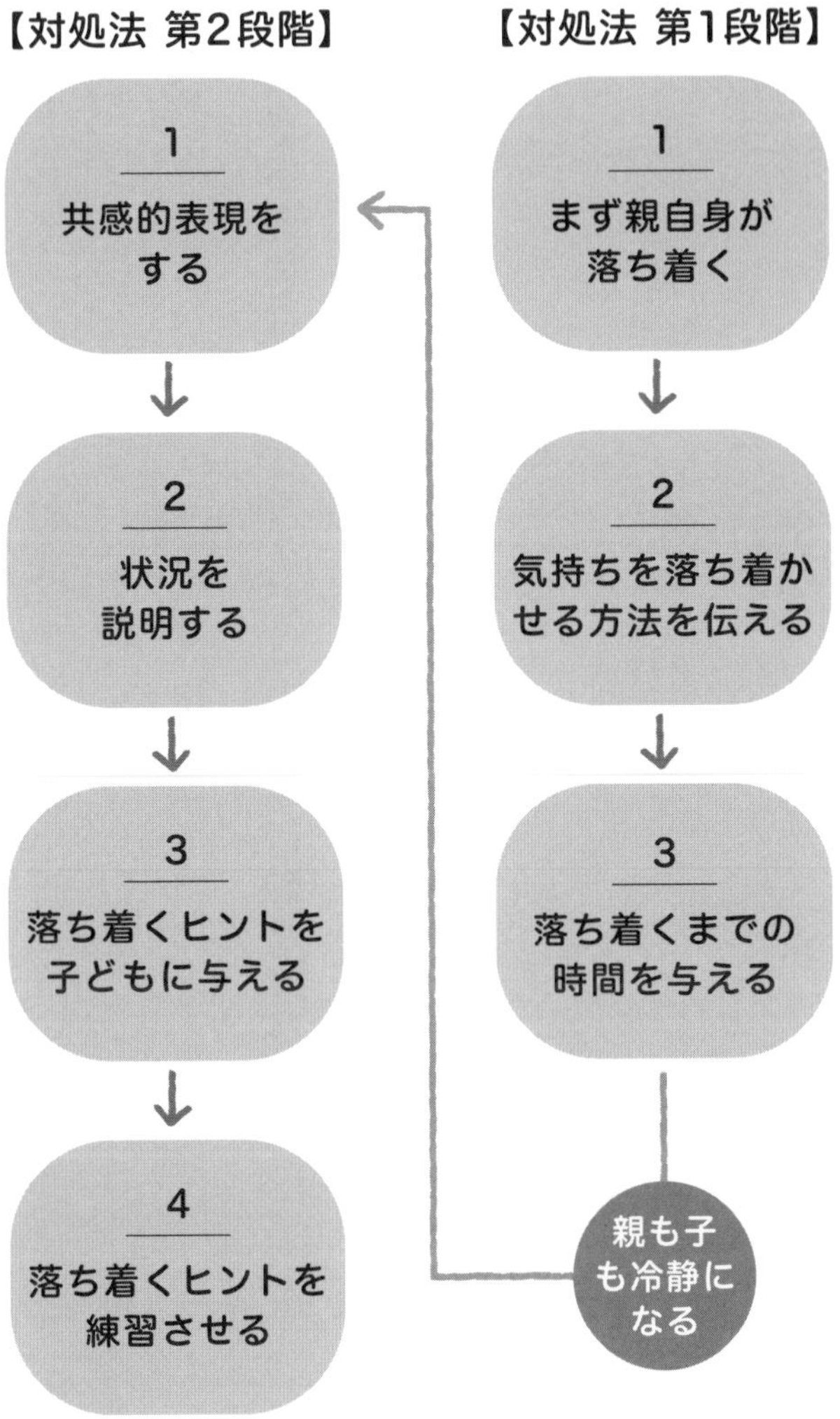
【対処法 第1段階】
1
まず親自身が落ち着く
2
気持ちを落ち着かせる方法を伝える
3
落ち着くまでの時間を与える
親も子も冷静になる
【対処法 第2段階】
1
共感的表現をする
2
状況を説明する
3
落ち着くヒントを子どもに与える
4
落ち着くヒントを練習させる

行動が出てきた点です。このように問題行動が複数ある時には、より大きい問題はどちらなのかをすぐに判断し、対処することが重要です。今回の事例の場合、より問題なのは「キレる」ことなので、深呼吸して落ち着く練習をしました。ただ、最後は元の問題に戻り、やるべきことを思い出させ、終わらせることが必要です。

●親が冷静になることで子どもの問題行動を減らす

今回の対処法で最も難しいのは、「子どもの反抗に引きずられずに冷静になる」ことです。親が感情に任せて暴言や暴力、脅しなどで対応していると、子どもは深く傷つき、親子関係が悪くなってしまいます。さらに、子どもも「暴力や脅しで関係性を築く」ことを学び、大人になってから同じ行動をしてしまうことにもつながります。

こうした悪循環を防ぎ、子どもの問題行動をエスカレートさせないためにも、まずは親がそこから抜け出すことがとても大切。互いに落ち着いて話し合えるようになることで、親も子どももずっと生活しやすくなるはずです。

ワーク10 子どもに「感情とのつきあい方」を教えよう

普段困っている子どもの問題行動を思い浮かべながら、今回の対処法で子どもにどのように伝えるかを考えてみましょう。

【第1段階】互いに落ち着く

①あなた自身が落ち着くために何をしますか？

例：深呼吸・別の部屋に一人で行く、など

※99ページの落ち着くための行動と102ページのワーク8も参考にしましょう。

②子どもを落ち着かせるためにどのような方法を伝えますか？

例：「怒鳴るのはやめて、ソファに座って深呼吸をして落ち着きなさい」

③落ち着くまでの時間をどのように確保しますか？

例：「いま、話ができる状態じゃないから、また様子を見に来るね」

【第2段階】どういう行動をとれば良かったかを教える

①どのような言葉で共感しますか？

例：「ママ、あなたが遊びたい気持ちは分かるよ」

②状況を説明しましょう

例：「でも、さっきみたいに物を投げて怒ってもいいことないでしょう。落ち着いてきたら何が良くなかったか分かるよね」

③落ち着くヒントを子どもに教えましょう

例：「次からキレそうになったら深呼吸をしてみて」

④どうやって落ち着くヒントを練習させますか？

例：「じゃあ、一度深呼吸をしてみようね」

4 子どもの困った行動への対処〈応用編②〉ケース別ステップと仕上げ

3では、子どもに感情とのつきあい方を教えながら問題行動に対処する方法をご紹介しました。ここでは、ケース別ステップを考えながら仕上げを行いましょう。

●まずは前回学んだステップをふり返ってみよう

前回の復習として「ごはんの前におやつを食べてはダメと言ったら、子どもが癇癪《かんしゃく》を起こした」というケースの対処ステップを考えてみましょう。

■第1段階

①まず親が、深呼吸などをして落ち着きます。

②「おやつを食べたいのは分かるよ」と共感し、「でも、ごはんの前だよね。大声で騒ぐのはやめて、自分の部屋の椅子で深呼吸して落ち着こうね」と伝えます。

③子どもに落ち着く時間を与えます。

■第2段階

①（親子とも落ち着いたら）「おやつを食べたい気持ちは分かる」と共感します。

②「でも泣いて暴れても何も変わらないし、いいことはないよね」と状況を説明。

③「今度からイライラした時は深呼吸をして」と落ち着くヒントを与えます。

④「一緒にやってみよう」と練習させます。その後、「ごはんの前はおやつを食べない約束だよ」と問題行動を確認します。

ここで、128ページのワークに取り組んでみましょう。

●怒りをセルフコントロールし、「対話で解決」を学ぶ

この対処法は、子どもの問題行動に対処するものですが、同時に「親子が共に感情（怒り）をセルフコントロールする」という、もう一つの重要なテーマがあります。意見の相違や葛藤があった時、怒りをコントロールして「対話で解決する」方法を学ぶもので、「修復方法」や「修復的実践」とも呼ばれます。

怒りをセルフコントロールすることは、大人でもとても難しいことです。多くの親は、実際に子どもが目の前で泣きわめいたり、生意気な言葉で歯向かってくると、イライラしたり不安になったり、どうしていいか分からなくなってしまいます。その結果、自分の感情を暴言や暴力などで子どもにぶつけたり、逆に、子どもの要求を丸呑みしてその場を収めようとしてしまうのです。

その方法で、いったんその場は収まるかもしれません。しかし、子どもは親の態度を見ています。「意見が違う時は暴言や暴力で対処すればいい」と思ったり、「大声を出して感情的に押し通せば、要求は通るもの」と学び、同じことをやるようになってしまいます。さらに、「どうしてあんたはいつもダメなの」など、親からネガティブな感情を何度も浴びせられていると、子どもは自己肯定感がどんどん低くなります。

すると、伝えたいことがますます伝えられなくなり、人とのコミュニケーションがうまくいかなくなるという悪循環に陥ってしまいます。

それを防ぐには、親が自分の感情にふり回されずに「子どもの顔を見て落ち着いて話す」こと。そして「なぜそうしたのか」と、子どもの意見や理由をしっかり聞くことが必要です。「時間をかけて話す」のをくり返すことが、本当の意味での「子どもとコミュニケーションをとる」ことになります。

●子どもの言いたいことを親が言葉にする

子どもは大人以上に自分の感情の扱い方が分かりません。親から「なぜそうしたのか」と聞かれても、自分がなぜすねているのか、どうしたいのかを整理して伝えることはなかなかできません。そのため、イライラして暴れたり、甘えてごまかそうとしたり、話をそらしたりしてしまいます。だからこそ、親が共感の声をかけることが重要です。子どもの気持ちや言いたいことをくみ取り、「こういう理由で怒ったのね。嫌だったんだね」と言葉にすることをくり返してください。それを続けることで、子どもはだんだん自分の気持ちを言葉にすることができるようになり、落ち着いて人間関係や物事に対処できるようになります。

とはいえ、誰もがすぐに怒りのセルフコントロールが上手になるわけではありません。この対処法をしようとしても、はじめは親のほうがセルフコントロールできず、自分の感情にふり回され、ステップも分からなくなるのが普通です。言動はぎこちなくなりますし、心理的にもつらくしんどいでしょう。でもだからこそ、何度もくり返して慣れることが必要です。ステップが途中で分からなくなる場合は紙などに書き出し、すぐ見えるところに貼っておくと良いでしょう。手間も時間もかかる対処法ですが、それでもやる価値のある、子育てをする上で大切な技法といえます。

ワーク11

困った行動への対処ステップを考えよう

次の二つのケースで、第1段階、第2段階の対処法を考えてみましょう。

〈ケース1〉　姉が妹からおもちゃを取り上げて遊んでいたので、返すように言ったらすねてしまった

〈ケース2〉　宿題が終わるまでゲームをしてはいけないと伝えたら、「もう宿題はしない！」と怒鳴って、ゲーム機を投げつけてきた

【第1段階】

①あなた自身が落ち着くために何をしますか？

例：深呼吸・別の部屋に一人で行く、など

②子どもを落ち着かせるためにどのような指示をしますか？

例：「ソファに座って深呼吸をしなさい」

③落ち着くまでの時間をどのように与えますか？

例：「いま、話ができる状態じゃないから、また様子を見に来るね」

【第２段階】

①どのような言葉で共感しますか？

例：「あなたが遊びたい気持ちは分かるよ」

②状況を説明しましょう

例：「でも、さっきみたいに怒鳴っても何も変わらないよね」

③落ち着くヒントを子どもに教えましょう

例：「怒鳴りそうになったら深呼吸をして落ち着こう」

④どうやって落ち着くヒントを練習させますか？

例：「じゃあ、一度深呼吸をしてみようね」

5

「注目を外す&ほめる」で、子ども自身に考えさせよう

子どもの問題行動を注意しても言うことを聞かない、逆にエスカレートする……。そんな時、効果的に子どもの行動を変える技法についてお話しします。

●子どもにとって「注意」は「注目」と同じ!?

子どもが良くない行動をした時、例えばストローで飲み物をブクブクさせるなどの行動をした時、親は子どもにやめるよう注意をします。しかし、子どもが言うことを聞かず、いっそうブクブクさせて遊び出したりすること、ありますよね。子どものこ

のような反応には、いくつか理由が考えられますが、その一つに「親から注意される」ことが子どもにとって「うれしいこと」や「楽しいこと」になっている場合が少なくありません。親はたしなめているつもりでも、子どもは「ママが自分を見ている。注目してくれている」と受けとめてしまうのです。子どもにとって、親に注目されるのは喜びです。そのため行動をやめなかったり、さらにエスカレートさせたりします。

今回ご紹介する「注目を外す＆ほめる」は、子どものこうした問題行動を変えていくのに有効な技法です。このほか、子どもが自分の要求が通らなくてイライラして物に当たる、口答えして言うことを聞かない、ふてくされて何もしようとしないなど、子どもの感情が高ぶっている時の対処法としても効果的です。

●問題行動には注目せず、それをやめた時に注目する

「注目を外す＆ほめる」とは、子どもの「良くない行動」には注目せず、「良い行動」に注目する技法です。子どもの問題行動をやめさせたい時、子どもから視線を外して、家事など他の行為に集中します。その間に深呼吸をして自身の感情を落ち着か

せ、子どもが問題行動をやめたら、すかさず子どもの顔を見て、笑顔でほめてあげます。この時、「よくできたね。ブクブクさせて飲んでいたのをやめられたね、とってもえらいよ」など、親がどうしてほしかったのか、何を待っていたのかを伝えます。「注目を外す」というのは、いわば「バスを待っていたのに気づかれずに通り過ぎてしまった」ような状況をつくることです。通り過ぎた時はすごく腹が立ちますが、どうしようもないので「次のバスを待とう」「駅まで歩こう」など、次第に次の行動に移らざるを得なくなります。その経験を子どもにさせるのです。

ただし、子どもが他の子に乱暴している、ビー玉を飲もうとしているなど、「自分や人を傷つけてしまう問題行動」をした時には、すぐにその行動をやめさせ、危険を取り去ることが必要です。そういう時にはこの技法は逆効果で、ケガやトラブルにつながってしまうので注意しましょう。

また、みなさんにぜひ理解してほしいのは、「注目を外す」のはあくまで「子どもの問題行動」に対してで、「子どもの存在」ではないという点です。子どもの存在を無視するのは「虐待」であり、決して子どもを成長させたり、子どもとの良い関係につながるものではありません。その点を混同しないことがとても大切です。

●言葉でなく態度でメッセージを伝えるのがポイント

「注目を外す&ほめる」を行う上で、最も重要かつ難しいのは、「無表情を保つ」ことです。親が他のことに集中すると、子どもは関心を引こうとして行動をエスカレートさせます。大声を出したり物を壊したりなど、激しい行動に出る子もいます。すると親もつい反応してしまいがちです。中でもいけないのは「視線を子どもに向ける」ことです。子どもに「物を壊せば反応してくれる。注目される」と認識させてしまうことになりかねません。もちろん危険な状況であれば、すぐに壊れた物を片づけたり、子どもの安全を優先してください。安全が保たれるのであれば、ここに書いてある通り注目を外し続けます。

注目を外す時は、子どもとは別のほうに体ごと向く、別の部屋に行ってしまうなど、はっきり態度で示すと効果的です。行動がエスカレートしてもピクリとも表情を動かさず、他のことに集中して、そこにいないかのような存在になってください。こうすることで、「あなたは私がしてほしくないことをやっています。それをやっている限り、私はあなたを見ることも、遊ぶことも、構うことも一切しません」というメッセージを伝えるのです。そして子どもが問題行動をやめた時、しっかりほめて良い関係に戻ります。この二つがセットになっていることで、子どもに何が正しい行動かを考えさせ、自分で行動を改める力を伸ばすことにつながります。

周囲の刺激が多い外では行うのが難しいので、まずは家で、時間にゆとりがある時にやってみましょう。「注目を外す」行為には人の行動を変化させる力があるといわれており、これを習慣化していくことで、徐々に問題行動を減らすことができます。

ワーク12

「注目を外す&ほめる」の実践計画表

いま、子どものどのような行動に困っていますか?
それを一つ思い浮かべ、それに対して「注目を外す&ほめる」を実践する計画表を作ってみましょう。

①最近、その行動はいつ起こりましたか？

例：出かける直前、テレビをもっと観たい時、など

②その時あなたはどう対処しましたか？

③今後、「注目を外す&ほめる」を使ってどう対処しますか？

④注目を外し続けることにくじけそうな時に、自分を励ます言葉を書いてみましょう。

⑤子どもがその行動をやめた時の「ほめる言葉」を書いてみましょう。

6

興奮する子どもを鎮める「タイムアウト技法」

子どもが興奮して反抗するなど、親が何を言っても聞かない時はまず興奮を鎮める時間をとることが大切です。「タイムアウト」はそういう時に役立つ技法です。

●タイムアウトに必要な「場所づくり」と「約束」

子どもは自分の思いどおりにならない時など、興奮して手がつけられなくなることがあります。泣きわめいたり、怒鳴り続けたり、物を投げるなどの乱暴な行動に走る場合もあります。子どもがこのような状態になったら、いったん子どもをクールダウンさせることが大切。「タイムアウト」は子どもの興奮を鎮めるのに有効な技法で、三歳頃から使うことができるといわれています。

タイムアウトを行うには、事前に二つの準備が必要です。一つは子どもをクールダウンさせる「場所」をつくること。例えば、部屋の隅で壁向きに椅子を置いて座らせるなど。家の中の親の目が届く安全な場所で、鍵などで閉鎖されないところを選びます。貼り紙やおもちゃは刺激となるので取り外し、子どもが暴れる場合もあるので、瓶などの壊れ物も別の場所に移動させましょう。

二つ目の準備は、子どもとタイムアウトの「約束」を交わすことです。子どもと落ち着いて話せるタイミングで「○○ちゃんがイライラして止まらない時や、パパの言うことが聞けない時、パパが〝タイムアウトし

よう〟って声をかけるから、ここに座って、パパが言う時間はじっとしていようね」と伝えます。親がやって見せた後で子どもにも練習させ、できたら「上手にできたね」とほめてあげてください。これで準備完了です。

●子どもが興奮したらまず「共感」。収まらない時にタイムアウト

実際に子どもが興奮状態になった時は、まず「共感」の声かけをしましょう。例えば、「痛くて驚いちゃったんだね」「もっとこのおもちゃで遊びたかったよね」など。それで子どもが落ち着くようならそこで終了しますが、それでも止まらない場合にタイムアウトを使います。

子どもが興奮しておもちゃを投げ続け、注意してもやめない場合なら、「○○ちゃん、おもちゃを投げるのが止まらないからタイムアウトしようね」と声をかけ、事前に約束したタイムアウトの場所に連れて行きます。ここでのポイントは、親は声を荒らげたり子どもを叱ったりせず、あくまで冷静に淡々と進めること。「○分間、この椅子に座ってタイムアウトしようね。タイマーが鳴ったら終わりだよ。始めるね」と

端的に伝えます。

子どもが嫌がって泣きわめいたり、屁理屈を言ったりしても、冷静に「この前、パパと約束したよね」と思い出させ、子どもをクールダウンさせることに集中しましょう。子どもがタイムアウトをしている間、家事など自分のやるべきことをしながら、親自身もクールダウンしましょう。

タイムアウトの時間は年齢×一分で、五歳なら五分、八歳は八分が理想的といわれています。その時間が終わったら「はい終わりだよ。遊んでいらっしゃい」と声をかけ、後は普通の生活に戻します。そして夜など落ち着いて話せる時に、子どもと「今日、タイムアウトした理由、分かるよね？」とふり返り、約束ごとを再度確認しておくと良いでしょう。

●タイムアウトと「お仕置き」はまったく違うものと認識して

タイムアウト技法と勘違いしやすいものに、昔からまことしやかに日本社会で行われている「押し入れや蔵などに閉じ込めて反省させる」という行為があります。一見似ていますが、閉じ込めるのは「お仕置き」を目的としたもの。お仕置きとは、痛い思いや怖い思いをさせてこらしめることです。これをやってはいけません。一方、タイムアウトは子どもが落ち着きを取り戻して自分で考え、自分の行動を理解する時間を与えることを目的としたもの。この二つは子どもに与える影響も意味も、まったく異なるということを知っておいてください。そのため、タイムアウトと称してベランダに出したり、どこかに閉じ込めて長時間放置したりすることは、しつけではなく「虐待」です。

　この区別ができていないと、タイムアウトをした後に罪悪感から「ママはあなたのためを思ってやっているのよ」など、子どもにくどくどと言い訳や説明をしてしまい

がち。しかし、そういう行為はタイムアウトの効果を半減させてしまうのでNGです。

タイムアウトは子どもを落ち着かせることだけを目的に、冷静に淡々と行いましょう。

また、タイムアウトをむやみに使うのも、効果を半減させてしまう原因になります。

タイムアウトは現在の子どもの行動で「望ましくない」と感じる二〜三のことだけに使うようにして、子どもと事前に「お約束ごと確認」をする際にそれも伝えておくと良いでしょう。

ワーク13 「タイムアウト」のステップを考えてみよう

子どものどんな行動にタイムアウトを使いますか。また、タイムアウトに使用する場所や、子どもにかける言葉など、具体的に考えてみましょう。

①子どものどんな行動に対して「タイムアウト」を使いますか？　二つ挙げ

てみましょう。

②あなたの家で「タイムアウト」ができるスペースはどこですか？
③事前に子どもとタイムアウトの約束を交わす時、どのように説明しますか？
④説明後にやって見せ、子どもと練習しましょう。

実際に「タイムアウト」をすることになりました。
次の①②のステップそれぞれを、どのような言葉で伝えますか？
①まず共感する
②タイムアウトを伝える
予定時間が終わったら「はい、終わり。遊んでいらっしゃい」と明るく伝えて終了します。

親子のやりとりがスムーズになる技法 2

「ブロークンレコード」

●同じ言葉をくり返し伝えることでお互いに穏やかに

今回ご紹介する技法は、壊れたレコードのように指示をくり返す「ブロークンレコード」。子どもが屁理屈を言って抵抗する時などに使える技法です。例えば、寝る時間になっても遊び続けている子どもには……。

ママ「もう寝る時間よ」
子ども「まだ眠くないもん」
ママ「寝る時間よ」
子ども「トーマスの絵本を読んだら寝るよ」

ママ「寝る時間よ」
子ども「みんなは十時まで起きてるんだって」
ママ「寝る時間よ」

と、やってほしいことだけを無表情でくり返します。これによって親は子どもに「何を言っても、寝ない限り変わらない」ということを態度で伝えます。毅《き》然《ぜん》とした態度が必要ですが、冷徹になるのではなく、穏やかに言うのがポイントです。すると子どもは根負けし、あらがっても無駄だと感じて最終的に従うことに。そうしたら「ありがとう」のひと言を伝えて終わります。

■ブロークンレコードのメリット

「ブロークンレコード」は誰でも簡単にできる技法で、メリットも大きいです。同じことをくり返すことで呪文を唱えているような感覚になるので、親はイライラしたり怒鳴ったりする必要がなく、精神的に疲れずにすみます。子どもも悪態をついたり乱暴な言葉で反抗したりするなど、良くない方向へ向かってしまうのを防ぐことができます。

テレビを消す時間なのに消さない、出した物を片づけないなどで注意することは、子育てでは日常茶飯事。ブロークンレコードはそういう際に、いつでも何度でも活用できる技法です。

第5章

ママ・パパが自分を幸せにする方法

1 セルフコントロール力を高める呼吸法

親がイライラしたり、つい感情的になった時に自分で自分を落ち着かせることができれば、子育ても人間関係も仕事も、もっとラクになるはずです。そんなセルフケアの方法をご紹介します。

●イライラをコントロールするセルフケア力を身につけよう

子育てをしていると、自分のイライラと向き合う場面が多くなります。イライラの感情には、自律神経が大きく関係しています。自律神経は循環器や消化器などの活動を調整している神経で、体の活動時や昼間に活発になる交感神経と、安静時や夜に活発になる副交感神経があります。この二つのバランスが崩れると、体の不調に加えて、イライラする、怒りっぽくなる、落ち込む、不安感や恐怖心に襲われる、記憶力や集中力が低下する、やる気が出ない、といった精神症状が現れます。症状は人によってさまざまで、いくつもの症状が重なって現れたり、症状が出たり消えたりすることもあります。

特に女性は、妊娠・出産により女性ホルモンが大きく乱れ、自律神経や免疫機能の働きが低下します。その時にしっかりケアできていないと、その後もずっと乱れた状態が続いてしまうことがあります。

理性では「笑顔のママがいい」と分かっているのに慢性的にイライラする、体の疲れがとれず常に気分が落ち込む、感情の起伏が激しく自分でもコントロールできないという方が、特に子育て中には多く見られます。

そのような時でも、自分で自分を整える「セルフケア」の力を身につけておくと、心身がラクになり、子育てにも良い影響が生まれます。

●ヨガの呼吸法で、乱れた自律神経を整える

セルフケアの方法にはいくつかあり、今回はその中でも高い効果が得られやすい「呼吸法」についてご紹介します。人間にとって水や食べ物は必要不可欠ですが、これらがなくても数日間なら生きられます。でも、呼吸はたった数分間できないだけで死に至ります。それほど呼吸は「生きること」に直結しているものです。

息を吸うと体内に酸素が取り込まれ、エネルギーが全身に行き渡り、自律神経の一つである交感神経が活性化されます。逆に、息を吐くと安静時に活発となる副交感神経が刺激されます。意識的にこれらを行うことで自律神経のバランスを整えることができ、リフレッシュや精神的な落ち着きを得ることができます。

このような呼吸と心身への影響を約四千五百年前から追求しているのが、古代インド発祥の「ヨガ」です。ヨガの教えには、八支則といわれるヨガの八つの段階・行法がありますが、その一つに呼吸法があり、「プラーナヤーマ」と呼ばれています。「プラーナ」は「気」や「生きるエネルギー」という意味、「ヤーマ」は「調整する」と

いう意味があります。

今回ご紹介するヨガの呼吸法は、家事や子育て、仕事に追われて、自分の時間がとれないママ・パパでも、呼吸法で気持ちを前向きにしたり、落ち着かせることができます。

疲れた心のおもむくままにひどいことを言ってしまったり、手を出したりしてしまう前に、呼吸法によるセルフケアを試してみてください。

●呼吸法を毎朝の習慣にしてイライラしない自分に

では、実際に呼吸法をやってみましょう。慣れないうちは、深い呼吸をしようとしても、なかなかうまくできません。154ページの①から順に行うことで、効果的な深い呼吸を身につけることができます。

呼吸には肺で行う「胸式呼吸」と、お腹に空気を入れる「腹式呼吸」があります。最初に肺いっぱいに息を入れることで、体の隅々まで酸素を行き渡らせ、心身をリラックスさせます。これにより、新陳代謝も促されます。そして④から腹式呼吸をプラスします。大腸や胃などの内臓が刺激されて血液循環が良くなり、エネルギーが体中に満ちます。

この呼吸法を行うと、思考力やコミュニケーション力が高まり、仕事の効率もアップします。可能であれば朝、子どもが起きる前の一人の時間に行うのがおすすめです。場所は布団の上など、落ち着いてできる場所であればＯＫ。朝が難しい場合は、家事が一段落した後や仕事の合間など、空いた時間を見つけて行ってください。

私も毎朝行っていますが、特に生理の前など何をやってもイライラしている時に、この呼吸法をじっくり行います。すると気持ちが落ち着き、自分をコントロールする力がわいてきます。慣れてくれば電車の中や外出先でもでき、いろいろなシーンで役に立つので、ぜひ習慣にしてください。

ワーク
14

呼吸法をやってみよう

下のイラストが、呼吸法を行う際の基本ポーズです。あぐらがベストですが、苦手な方は足を組まないで座るのでもＯＫ。背中が自然に伸びてラクに呼吸ができるなら、椅子に座ったり立ったままでも大丈夫です。

目は軽く閉じ、人差し指と親指で輪を作って膝の上に置きましょう。この指のポーズは、集中力を高め、精神的な混乱の改善に良いといわれています。

①まず、三秒くらいかけて口からゆっくり息を吐き切ります。

②膝の上に手を置き、鼻からゆっくり息を吸い、肺いっぱいに入れます。
肺が膨らんだのを手で感じたら、口からゆっくり吐きます。

③五秒かけて鼻からゆっくり息を吸い、肺をパンパンの状態に。
その後、十秒かけて口からゆっくり吐きます。

④③と同様に肺に息を入れ、続けてお腹にも入れます。
お腹が膨らむのを感じたら、ゆっくり吐きます。

⑤④と同様に肺、お腹にいっぱいになるまで息を入れます。
その後、十秒かけてゆっくり口から吐きます。

⑥肺、次にお腹に息を入れた後、そのまま息を止めてあごを天井に向け、
三秒静止し、十秒かけて吐きます。これを合計五回行い、終了です。

※SomLicでは、創設当初から「子育てリフレッシュ☆ヨガ」を地域で開催しています。ペアレント・トレーニングの講座は全六回ですが、決して万能では

なく、子育ての中で自分をコントロールする力の鍛錬が必要です。頭では分かっているのに気持ちがぐちゃぐちゃになってしまったり、子育てに疲れ切ってしまったりするのは当たり前のことです。そこで別室での保育付きのヨガの提供や、子どもと一緒にヨガをする「子連れヨガ」を開催し続けています。

2

親の価値観と子どもの価値観

子どもの問題行動とその対処法には、
親の「価値観」や「期待」が
大きく関係しています。
それを把握することが、子育てをする上でとても重要です。

●その行動が「問題」かどうか決めるのはあなたの「価値観」

子どもがスーパーで駄々をこねて騒いだ時、あなたはどう感じますか？　多くの親は苛立ちや羞恥心から子どもを強く叱りつけたり、「みっともないから立ちなさい！」と腕を引っ張って、その状況を終わらせようとするのではないでしょうか。

しかし、次の図のように、子どもがスーパーで駄々をこねるという「状況」と、親

状況

- スーパーでひっくり返り、お菓子が欲しいと駄々をこねている

↓

価値観・期待

- ダメな親と思われたくない
- 外で駄々をこねるのはみっともない

↓

感情・行動

- イライラ
- 恥ずかしい
- 強く叱りつける

がイライラして強く叱るという「感情・行動」は、直接結びつくわけではありません。その間に「外で駄々をこねるのはみっともない」「ダメな親と思われたくない」といった親の価値観や期待が入ることで引き起こされているものです。自分がどんな価値観や期待をもって子どもに接しているのか、それを知っておくことは、子育てをする上でとても重要です。

●親の価値観ではなく、子どもの成長に合わせる姿勢が大切

私たちは誰でも、無意識に「〜であるべき」という価値観をもっています。子育てにおいても同じです。「外では静かにするべき」「あいさつは自分からするべき」「おもちゃは知育玩具を選ぶべき」「母親はできるだけ笑顔でいるべき」など、みなさんの中にもきっと何らかの「べき」があるはずです。それが子育てに大きく影響することから、SomLic ペアレント・トレーニングでは「べき子育て」と呼んでいます。

どんな価値観や期待も、もつこと自体は決して悪いことではありません。価値観や期待はなくすことができないものですし、自分のパーソナリティーの一部です。ただ、

それを自覚し、客観的に自分をとらえることがとても重要です。なぜなら、自分独自の価値観や期待が子育ての基準になっていて、そこに到達できない子どもを問題視してしまうからです。また、子どもの発達段階よりも、親の要求が高すぎることもよくあります。

子どもの「いま」をよく見てください。子どもはみな、その子なりのペースで成長します。今日、スーパーで駄々をこねていても、来週には友だちやテレビなどの影響を受けて、自分からやめるかもしれません。ですので、これから何回も学ぶ機会はあるのだとおおらかに考えることも必要です。

●子どもに求めていることが「誰の課題なのか」を考えて

「良い学校に入って、良い成績を修め、医者になれば、安定した生活を送ることができる」などと思い込んでいる親は少なくありません。苦労をした方ほど、子どもには苦労をさせたくない、少しでも安全で幸せな道を歩んでほしいと思うものです。子どもの幸せを願うのは親なら当然ですし、悪いことではありません。ただ、それが「親の課題」か「子どもの課題」なのかを考える必要があります。勉強をせずに困るのは子どもで、これは「子どもの課題」です。それを親が「自分の課題」にしてしまわないことが大事です。とはいえ、子どもが小さいうちは、親が「帰宅したら必ず宿題を三十分やろうね」などと約束ごとにして、子ども自身が将来困らないように、勉強の習慣を身につけさせることが必要です。これが「しつけ」です。ただし、この場合も主役は子ども。親の価値観を子どもに押し付け、その人生を乗っ取ってはいけません。

「あなたは子どもにどんなふうに育ってほしいですか？」

　このように聞くと、ほとんどの親が「健康なら十分」「思いやりがある優しい人になってほしい」など、シンプルな願いを口にします。ところが、生活の中でさまざまな刺激や影響を受けるうち、競争心や不安、他の家族の価値観や社会にただよう順位付けや価値観を真に受けて「子どもの課題」に介入しすぎていることが少なくないのです。自分の価値観や期待がそうなっていないか、時々見つめ直すことも大切です。

　以上を踏まえ、ワークであなたの中の価値観と期待を洗い出してみましょう。自分の内面を見つめて取捨選択していると、「これは譲れない」というものが残ります。

それを知り、自分はどんな価値観をもっているのかを把握しましょう。

●非認知能力を伸ばそう

子どもが小さい頃は、思いやりのある優しい人に育ってほしい、元気に育ってほしいとだけ願っていた親御さんも、子どもの年齢が上がるにつれて、お勉強の心配をされることが増えると思います。周りが小学校受験や中学校受験をするからうちの子もと、果たしてこれでいいのかなと疑問に感じながら、流されている方もいるのではないでしょうか。もう少し子育てにおける価値観を深掘りしていただくために、ここでは子どもが成長していく上で必要な心の力の成長について触れたいと思います。

「非認知能力」という言葉を聞いたことがあるでしょうか。非認知能力とは、目標や意欲、興味・関心をもち、粘り強く、仲間と強調して取り組む力や姿勢のことです（＊1）。ＯＥＣＤ（経済協力開発機構）（＊2）は、社会情緒的スキル(Social and Emotional skills)と名付け、三つの側面〈目標を達成する力／他の人と一緒に働く力／感情を管理する力〉から整理し、他諸国でも注目が集まっている分野でもあります。この力は、世の中で実際に人と関わって生活や仕事をしていく時に必要になるものです。状況や人の気持ちが変わったりすることも多く、変化が発生し続けます。その変わり続ける流れの中で、自分で考えて判断したり、うまく調整して柔軟に対応していく力が求められます。

この力をうまく伸ばしていくためには、「自身の心の状態を適切にコントロールする力（自制心）」と、「目標に向かって我慢強くやり抜く力（グリッド）」を育てていく必要があります（＊3）。この非認知能力から、具体的に子どもに身につけてもらいたい心の力としてまとめられたものが、表1です。大きく分けて、「自己に関わる心の力」と、「社会性に関わる心の力」として整理されています。

これらの心の力は、知識を伝授する方法では育ちません。養育者との愛着関係がつくられ、心の安全基地ができていることが基盤になります。そして子ども自身が切り開いていく社会の中で、そこで出会う人びとや経験等から、身についていくものになります。親御さんができることは、これらの非認知能力を子ども自身が枝葉を伸ばし、自分で開花させていくことを邪魔しないということです。そのためにも、ペアレン

表１　子どもに身につけてもらいたい心の力

社会性に関わる心の力	「心の理解能力」	他の人の心の状態を適切に理解するための力
	「コミュニケーションをとる力」	心の理解を基に他の人と適切にコミュニケーションできる力
	「共感性」「思いやり」	誰かが困っていたら自然にかわいそうと思って助けようとする力
	「協調性」「協同性」	他の人と助け合いながら事を進めていく力
	「道徳性」	何が良くて何が悪いかを判断する力
	「規範意識」	社会や集団のルール・決まり・常識などを理解して守ることができる力
	自他間の選択のジレンマを解決するための感情の制御（コントロール）	
自己に関わる心の力	「自尊心」「自己肯定感」	自分を愛し自分の性質や能力に自信をもつ
	「自己効力感」	やればできるはずという感覚
	「好奇心」「意欲」	おもしろいことだったらもっとやってみたいと思える力
	「内発的動機づけ」	心の内側から湧いて出てくる動機づけ
	「自制心」	自分の衝動を抑え自分の行動をコントロールしようとする力
	「グリッド」	目標に向かって我慢強くやり抜く力
	「自己理解」	自分自身の特徴や状態などをきちんと認識できる力
	「自律性」「自立心」	自分の頭で考え自分の意思で決めて自分の力で行動しようとする力
	異時点間の選択のジレンマを解決するための感情の制御（コントロール）	

出典　遠藤利彦（2022）「『非認知能力』なるものの発達と教育」『発達』170, ミネルヴァ書房, p5

ト・トレーニングでお子さんと穏やかなコミュニケーションを心がけ、お子さんの安全基地を構築しておくことです。偏差値だけでなく、非認知能力を育てていくアンテナを立て、お子さんの心の発達をサポートできる環境づくりができるといいですね。

＊1　無藤隆（二〇一六）「生涯の学びを支える『非認知能力』をどう育てるか」『これからの幼児教育』二〇一六年度春号、ベネッセ教育総合研究所、一八ページ。

＊2　OECD (2015) *Skills for Social Progress: The Power of Social and Emotional Skills*, OECD Publishing, Paris.

＊3　遠藤利彦（二〇二二）「『非認知能力』なるものの発達と教育」「表1　非認知能力の具体的中身――理論的な視点からのまとめ」『発達』第一七〇号、ミネルヴァ書房、五ページ。

ワーク15

あなたの中にある価値観・期待を見つめよう

課題1と課題2で、あなたの中の価値観・期待を洗い出してみましょう。

課題1■べき子育て

子育てで「こうあるべき」と思うことをすべて書き出してください。
例：完璧な親であるべき・良い子であるべき、など

課題2■期待を知る

子どもに十〜二十年後、どのような人になってほしいかをイメージしながら、次の六項目について、子どもに望む順位一〜六と、その理由を書いてください。
自分の順位・理由を記入後、今度はパートナーや家族、友人と話し合いながら同様にやってみましょう。

・思いやりをもつこと
・我慢することができ、粘り強い
・自分の気持ちや考えを大切にする
・社会のルールやマナーを守り、他人に迷惑をかけない
・人に合わせることができ、他人から好かれる
・好奇心があり、積極的に行動する

※ここでは、「人の意見を否定しない」ことに留意してください。パートナーや家族と一緒に順位を決める際は、相手の意見もよく聞いて話し合い、自分と相手との違いや共通点に気づくことが大切。このワークを行った後、人の話で印象に残ったこととその理由をメモしておくと、より気づきのきっかけになるのでおすすめです。

3

「尊重と適切な自己主張」で家族と良い関係を築く

家族との関係は、お互いの距離が近いために、ストレスを感じやすいものです。イライラを溜め込まず、対立もしない、よりよい関係の築き方を考えてみましょう。

●距離が近いゆえにストレスや怒りも生まれやすい

家族は、子育てをしていく上での応援団であり、生活を共にするかけがえのないチームです。しかし、距離が近いゆえにストレスや怒りの原因にもなります。実父母や義父母と折り合いが悪く、何かにつけてダメ出しをされてつらい思いをする、といったことは、昔からよくある話です。

家族が良い雰囲気であれば、どんなことも好循環となり、助け合い、互いを大切に思う気持ちを伝え合うことができます。しかし家族の雰囲気が悪くなると、一度ギスギスしてしまったらそれが家族全員に伝播し、ストレスや怒りがどんどん積み重なってしまいます。そして、暴力・暴言などに発展しやすくなります。

ストレスや怒りを感じても我慢し、時が過ぎるのを待つという人は少なくありません。しかしそれは、自分の気持ちを押し殺し続けるだけで、決して解決にはつながりません。良い家族関係を築くには、相手を大切にしつつ適切に自己主張をする「アサーティブな自己表現」が必要となります。

●攻撃、非主張、協調……あなたの自己表現はどのタイプ？

人の自己表現は、大別すると三つのタイプに分かれるといわれています。

一つ目は、すぐに怒ったり人を責めたりして、常に自分の主張を優先する「攻撃的タイプ」です。相手を見下したり、命令するような言動が多く見られます。

二つ目は、自分より他者を優先する「非主張的タイプ」で、「ノンアサーティブ」とも呼ばれます。一見、相手に譲っているように見えますが、実は自分を押し殺し、自分の気持ちを表現しそこなっている人です。波風を立てたくない、否定されるのが怖いなどの気持ちから、卑屈になったり曖昧な表現をしたりすることもあります。「いいの、いいの」と何でも受け入れるのもこのタイプです。

三つ目は、相手を尊重しつつ自分の意見をしっかり伝えてコミュニケーションがとれる「協調的タイプ」。これが「アサーティブ」です。

例えば、電車の中でスマホで話している人がいたら、あなたはどういう態度をとりますか？　ムッとした表情になりつつ何も言わずにやり過ごす人は非主張的タイプです。逆に、「うるさい！　切って！」と強く自己主張するのは、攻撃的タイプです。一方、協調的タイプの場合は、声を荒らげることはしないけれど、「電車の中ではスマホで話さないでください。通話を切るか電車を降りて話してくれませんか」と、言うべきことはきちんと伝えます。相手を不必要に貶めることをせず、かといって自分の気持ちも押し殺さないので、ストレスやモヤモヤを抱えずにコミュニケーションをとることができます。

●相手を尊重しつつ自分の気持ちを素直に伝える

アサーティブなコミュニケーションは、素直に自分の気持ちを伝えることが第一歩です。その上で、互いの要望を組み合わせた解決策を提案し、一緒に考える関係をつくります。例えば、夫の家族と外食をしている時に、義父母から「子どもに○○を習わせなさい」と一方的に言われたとします。そういう場合も、「子どもたちのことを大事に考えてくださって、ありがとうございます。習い事に関しては、私たち親が決めたいと思います」と穏やかに伝えます。その後、自分の考えを伝えても良いですし、「せっかくのお食事会なので、それはまた今度話しませんか」と提案するのも良いでしょう。

ただし、「親しき仲にも礼儀あり」という点は忘れてはいけません。普段の生活で義父母に助けてもらうこともあるはずですし、何より子どもをかわいがってくれるのは感謝すべきことです。普段から感謝の気持ちを言葉と行動で伝え、その上で「ここは譲れない」という時に自分の考えを伝えることが大切です。逆に、すべてをアサーティブにする必要はないことも覚えておきましょう。自己主張しないほうが良い時もありますし、誰しも自己主張しない権利をもっています。その際は「自分で自己主張しないと決めた」と納得して行動することが重要です。

身についたコミュニケーション方法を変えるのは簡単なことではありません。でも、日頃から意識して行うことで、徐々に適切な言い方やタイミングが分かってきます。自分の気持ちや日々のモヤモヤは、日頃から良い表現で伝えて、ストレスや怒りを溜め込まないこと。それが「良い家族の雰囲気」をつくることにもつながります。

ワーク16 アサーティブを取り入れよう

自分の自己主張のタイプはどれかを知り、それをどう言い換えればアサーティブな表現になるかを考えてみましょう。

①あなたは次のA～Cのどのタイプですか？　家族やパートナーにも聞いて、そのタイプだと思う理由やエピソードも挙げてみましょう。

A攻撃的タイプ　B非主張的タイプ　C協調的タイプ

②家族とのコミュニケーションで、うまくいかなかった直近の出来事、もしくは日頃から不満に感じていることは何ですか？

③ ②の出来事もしくは不満に感じていることを、アサーティブな表現で伝えるとしたらどうなりますか？　伝える言葉を考えてみましょう。

4 親である「自分」のことも大切にしよう

子育て中はさまざまな人間関係と、日々のいろいろなことに追われて自分を見失いがちです。そんな時こそ、いまの自分の状況を客観的に確認して自身の幸せのあり方や望むことを見つめてみましょう。

●子育て時期は不安や迷い、混乱から自分を見失いやすい

子育てはとても大変です。子どもと向き合うことに加え、妊娠・出産による体の変化や、子どもの健康への配慮や不安、仕事を休む・辞めるといった環境の変化なども、子育ての大変さの一つです。子どもに関係する新たなつながりができるなど、人間関係もダイナミックに変わります。同時に、子育て中は仕事など社会的な自分の立ち位

置や暮らし方、家族関係などについて「いまの状態で良いのか」と迷いが出る時期でもあります。価値観が大きく揺らぐ人もいるでしょう。

そうした中で不安にとらわれず、自分を見失わないためには、「いまの自分がどういう状況にあるか」を客観的に確認することが必要です。自分を新たにとらえ直すことで、「私なりの子育てスタイルや生き方」が見つけやすくなります。

●三つの「マップ」で現在を整理、人生を設計する

自分を客観的にとらえ直す方法として、三つの「マップ」をご紹介します。

一つ目は「ジェノグラム」と呼ばれる家系マップです。176ページ左上が見本図で、以下の三つのルールに沿って書き出します。

■女性は○、男性は□で中に年齢を書く。自分のみ二重にする。亡くなった方は×印（見本図の自分の親）。

■婚姻関係は二重線にし、離婚した場合は二重線に二重斜線を加える（見本図の夫の親）。

■関係が悪い場合は線の上に×印を並べる（見本図の夫の兄弟姉妹）。

二つ目は「エコマップ」で、周囲との関係を整理します。176ページ右上が見本図。真ん中の二重丸に自分の年齢を書き入れ、つながっている人や機関などを書き出してみます。特に仲の良い人、信頼している人は太線（見本図のAさん）、疎遠な相手は点線（見本図のBさん）、関係が悪い相手との線は線の上に×を並べます（見本図のCさん）。

ジェノグラムもエコマップもソーシャルワークでよく用いられる手法で、悩んでいる人はこれらの関係が混乱している場合が多くあります。それを「見える化」して整理することで、自分に必要な関係、求める関係性を考える手助けになります。

三つ目は「ライフプランシート」という自分年表です。176ページの下が見本です。シート右上の「自分の予想寿命」は自分の寿命を仮に想定して、最初に書き出します。過去の出来事は簡単に整理するだけでよく、大切なのは学業・仕事線とプライベート線を比例させながら、現在から予想寿命までのライフプランを考えること。自分が亡くなる瞬間、どんな人に周りにいてほしいか想像してみてください。それを実現する

【ジェノグラム】

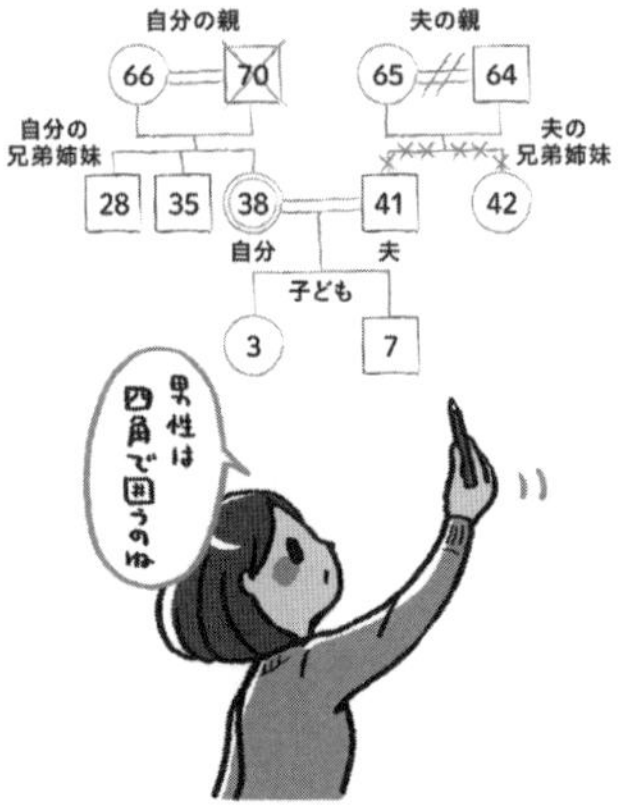

【エコマップ】

【ライフプランシート】（例）

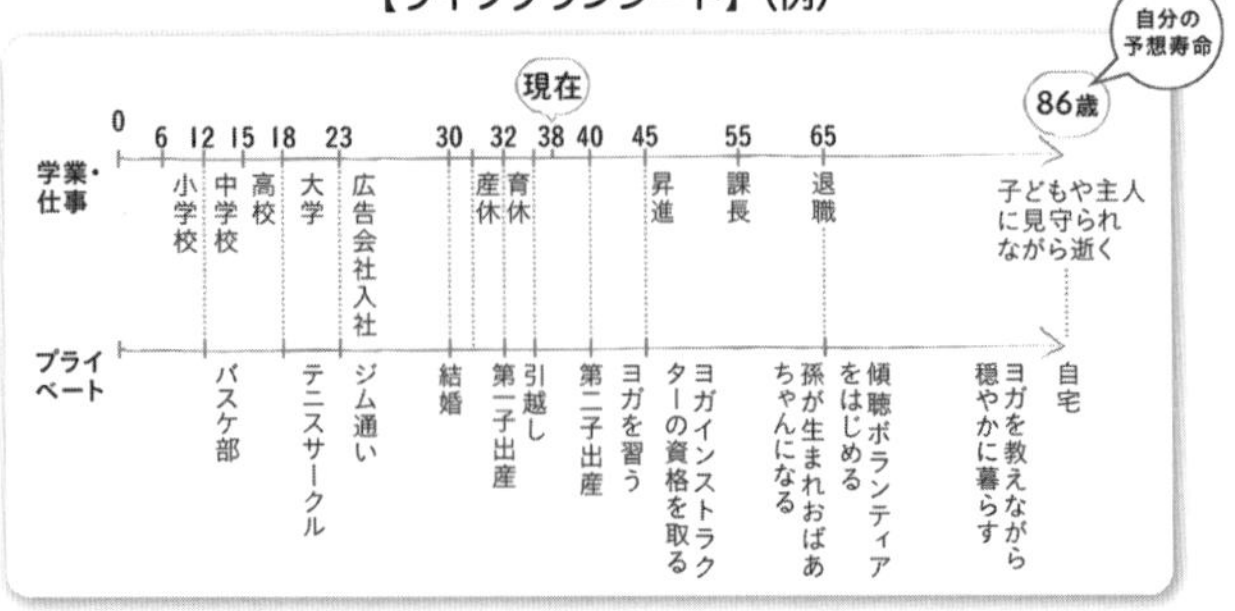

には、残された人生で何をするべきか、やり残したことはないか、どういう人とつきあっていきたいかなどを考えてみましょう。そのために一年以内にどう動き、十年以内に何をしたいかなど、人生設計を立ててみてください。

●自分の気持ちを正直に見つめ、これからの人生に生かす

ジェノグラムとエコマップで現状把握と整理をし、それを踏まえてライフプランシートを作り、過去から未来の自分の生き方を考えてみるというのが、ここでのポイントです。誰かに見せるものではないので、自分の本音を書くことが大切です。

現実的な人ほど「子どもの大学入学までにいくら必要」など、お金のことを書いてしまいがちですが、今回はお金を除外しましょう。それよりも自分がやりたいこと、望んでいる生き方など、自分の正直な気持ちを見つめることに集中してみてください。

いわゆるキャリアウーマンとして外で働いてきたけれど、子どもとの時間をもっと増やしたいと思うかもしれません。逆に出産で仕事を辞めたけれど、復職したい自分に気づくかもしれません。どちらも素直な反応であり、それを自分で気づくことが大切

です。

マップを作りながら、自分のルーツを感じたり、周りの人とのつながりに気づくなど、発見もいろいろあるはずです。「ワンオペで孤独」と感じていたけれど、実は多くの人や機関とつながっていることを実感する人も少なくありません。

子どもができると気づかないうちに家族優先になり、自分を後回しにしている方も多いのではないでしょうか。でも、人生は思う以上に短いものです。自分が心地よい暮らしや、やってみたいことが見つかったなら、今後の自分の生き方にそれを加えてみても良いのではないでしょうか。

ワーク
17

自分についての三つのマップを書き出してみよう

あなたの三つのマップを作成してみましょう。

①ジェノグラム
②エコマップ
③ライフプランシート

176ページの見本図を元に、ノートなどに書き出してみてください。

第6章

こんな時どうする？
Q＆A

1

シーン別対処法　その1
きょうだいゲンカで必要なこと

きょうだいがいる家庭の多くが悩む「きょうだいゲンカ」。
そのたびに親もイライラし、怒鳴ったりしてしまいがちです。
親は介入するべきなのか、どう対処するのがいいか、
ポイントを知っておきましょう。

●親はあえてジャッジせず、それぞれの話を聞いて「共感」を

きょうだいゲンカは、子どもの成長過程に必要なもの。親は基本的に子ども同士に任せ、見守ることが大切です。しかし、あまりに激しいと心配になりますし、子どもが親にジャッジを求めることもあります。親がきょうだいゲンカに介入せざるを得な

い場合は、あえてジャッジはせず、それぞれの子どもの話に「共感」を示すことが重要です。話を聞くのはどちらが先でも、二人同じ場でも構いませんが、「等分に話を聞く」ことがポイント。話の途中でもう一人が口を挟んできたら「いまはこの子の時間だからね」ときっぱり線を引きます。片方が悪いと思っても怒ったりせず、それぞれの話に「そうだよね」「痛かったね」と共感してあげましょう。

これによって子どもは「自分の話をちゃんと聞いて、気持ちを受け止めてくれている」と感じ、落ち着きを取り戻します。そうしたら「この後は二人で遊ぶ？　別々に遊ぶ？」と選択肢を与えてもいいですし、「どうするか二人で決めなさい」と任せても良いでしょう。重要なのは子ども自身に「自分たちで解決する力」を身につけさせること。「共感」はそれができる状態にするためのクッションの働きがあります。

■下の子が大げさに泣いてアピールしてきたら

ケンカでは、年も体も小さい下の子が不利に見えるもの。本人も親に味方してほしくて、わざと大げさに泣いたりします。しかし、そういう行動は社会では嫌われますし、親にとっても困ります。こうした好ましくない行動をしてきたら、親は本を読んだり、家事をしたりなどしてスルーします。普通の声に戻ったら、すかさず「その声を待ってたのよ」「そのしゃべり方のほうがいいわ」と反応し、それぞれの話を聞きましょう。好ましくない行動には注意を向けず、良い状態になったらほめることで、子どもは自分の行動をふり返り、改めるようになります。

■片方が相手を叩くなどの乱暴をしたら

叩くなど、ケガにつながるような危険な行動をした時は、すぐに止め、叩いた子に「タイムアウト」（136ページ参照）をさせて落ち着かせます。「叩くのはダメよ。タイムアウトね」と告げ、別室の椅子などに五分程度座るよう指示して一人にします。五分たったら「終わり」と声をかけ、後はいつも通りに過ごします。その日の夜など落ち着いている時に「今日みたいに叩くのはいけないよ」と説明し、きょうだい間の約束ごとを確認しましょう。普段からタイムアウトの意味や方法を、家族で決めておくと良いですね。ただし、ベストなのは話を聞いて解決すること。手が出る前にケンカを止め、話を聞くようにしたいですね。

●ストレスや葛藤を抱えやすい上の子に普段から愛情を伝える

上の子に対して「優しく下の子の面倒を見るべき」と考える人は多いのではないでしょうか。でもそれは、親が勝手に作り出した「親の価値観」です。上の子にしてみれば、突然下の子ができて「お姉ちゃん（お兄ちゃん）になりなさい」と言われ、頑張っているのに親の目は小さい子に向きやすいなど、さまざまな理不尽を感じます。自分を見てもらえない不満や悲しさと、親の期待に応えたい気持ちの間で葛藤しながら頑張っています。それなのに親から「お姉ちゃんなんだから」と言われては、さらにつらくなるばかり。親はそうした上の子の立場を理解し、きょうだい間に決めつけや序列をつくらないよう気をつけることが大切です。

■上の子に愛情を積極的に伝えること

ペアレント・トレーニングでよく用いるのが「スペシャルタイム」です。ママと子ども、またはパパと子どもの二人だけの時間をつくり、絵本を読んだりぬり絵をするなど、その子がやりたいことを二人で一緒に行い、時間は十五〜二十分が適切といわれています。その間は子どもを注意したり否定したりせず、注目してほめることに徹します。忙しくて時間がとれない方は、子どもの習い事の送り迎えなど、二人だけになれる時間をスペシャルタイムに当てると良いでしょう。きょうだい均等に設ける必要はなく、ストレスを感じているような時や、最近コミュニケーションがうまくいかないと感じた時などに行うのがおすすめです。

きょうだい間の不平・不満は、大人になっても尾を引くわだかまりとなりがちです。紹介した方法ですぐに変わることはないでしょう。きょうだいは刺激し合ってしまうので、一定期間または長期戦の覚悟が必要です。その間親は一貫した態度をとるようにしましょう。とはいえ、きょうだいは同じ親のもとに育ち、生活や思い出を共有する唯一無二の特別な同士でもあります。大人になった時に、わだかまりや理不尽な思いが残らない関わりをつくることも、親の責任かもしれません。

2
シーン別対処法　その2
良いご褒美と、良くないご褒美

子どもにご褒美をあげると、それを目当てで行動するようになるから良くない、という考え方があります。

しかし、ご褒美はあげ方次第で、良くも悪くもなるのです。

その違いを知ることは、育児においてとても大切です。

●良いご褒美には「人との関係」が不可欠

第3章で、子どもの行動を変えたい時やしてほしい行動がある時は、「がんばりカード」を作って、その行動ができた日はお気に入りのシールなどを貼り、シールが貯まったらご褒美をあげるという方法を紹介しました。しかし、ご褒美に関しては、

「ペットのしつけみたいで嫌」という人も多く、また、間違ったあげ方をしてしまう親が少なくありません。そこで、良いご褒美と、良くないご褒美についてお話しします。

人の行動を変えたり、行動を意識させるには、ご褒美を設定するとスムーズに進みやすいことが、心理学的にも知られています。ただし、これには「人との関係」が不可欠です。その行動をしたら親がすごく喜んだ、多くの人からほめられた、逆に悪口を言われたなど、その時の周りの人との関係で後の行動が変わります。ですから、ご褒美も「公園でキャッチボールをする」「一緒に好きなビデオを観る」など、親子が一緒に楽しめるものにすることが大切です。そういうコミュニケーションがなく、「ケーキを買ってあげる」など物だけをご褒美にすると、それこそ「餌」となってしまうのです。

最終的に目指すのは、その子が親に言われなくても自分で行動できるようになることです。小さいうちは自分から歯磨きができなくても、教えて習慣化することでできるようになります。ご褒美は、そうなるための一つのきっかけです。本当に変えたい行動や、できるようになってほしい行動だけに使うなど、メリハリをつけて用いることが大切です。

良くない行動を抑えるためのご褒美は逆効果

ご褒美を「交換条件」に使うケースがよくあります。「にんじんを食べ終えたら公園に行こうね」「脱いだ服をカゴに入れたら、アニメを見ていいよ」など、「○○したら□□していい」という会話は、どの家庭でもよくあるのではないでしょうか。これによって親子の摩擦が少なくなったり、子どものやる気を引き出せたりするので、必ずしも悪いことではありません。ただし、これをしょっちゅうやると、次第に「お皿を片づけたら何くれる？」など、子どもがご褒美を要求するようになります。そうなると、「人はご褒美欲しさに行動するもの」という認識を子どもに与えかねません。「交換条件」を用いるのは、子どもの協力をどうしても引き出したい時に限定しましょう。

一方で、「やってはいけない交換条件」もあります。例えば、電車で子どもが騒ぎ出した時に「スマホのゲームをやらせてあげるから静かにしていて」というパターンです。本来、ご褒美は「行動をしっかりと身につけさせる」ためのものなので、これでは「電車で騒ぐ」という悪い行動を促してしまうことにもなりかねません。子どもは、「騒げばご褒美がもらえる」と認識し、それをくり返すようになってしまいます。これは先ほどの良い交換条件と似ているように見えますが、まったく違うものです。

そこを間違えないことが大切です。

3　シーン別対処法　その３
発達障害への不安

子どもが発達障害なのではないかと悩んでいる方は多いのです。そんな悩みに対して、正しい知識を身につけ、どのように対処すればいいのかをお伝えします。

●うちの子は発達障害？

地域でペアレント・トレーニングの講座を開催していると、毎回受講者の半分くらいの方が自分のお子さんが発達障害なのではないかと悩んでいらっしゃいます。気が散りやすい、不器用、待てない、こだわりが強すぎるなど、あれ？　と感じていることがあり、もしかしたらうちの子は発達障害なのではないかとなんとなく感じていらっしゃる方。ネットで発達障害のことを調べてみたら、うちの子の特性にぴったり当てはまることがあって不安になったという方。幼稚園に行くようになり、子どもの行動について指摘されるようになった方など、さまざまです。

発達障害は病気ではありません。脳の働き方の偏りで、その子の特性です。よって、治療して治るというものではありません。発達障害については多くの情報が溢れています。やみくもに読んでいくと、不安な気持ちが強くなったり、混乱したりするかもしれません。まずは、基本的な信用できる情報が掲載されている「発達障害情報・支援センター（国立障害者リハビリテーションセンター）」のサイトを閲覧されることをおすすめします。そして身近な関係機関に相談するとよいと思います。

●障害というラベリング

ここで、一つ乗り越えなければいけない心の試練として、ラベリングの問題があります。医療機関で診断名がついたり、障害児のためのサービスを受けるということは、自分のかわいい子どもが、○○ちゃん、○○くんという素敵な名前の前に「障害児」という新たなラベルが貼られてしまうことになることを受け入れなければなりません。

「障害」という言葉は思った以上にインパクトがあるものです。診断名がつくと、「やっぱりそうか」と合点がいき安心する気持ちや、打ちのめされたような気持ちなどいろいろな思いが押し寄せてくるでしょう。そのような気持ちがぐるぐるする自分を受け入れることも必要です。その際、自分の心にふたをすることなく、寄り添ってくれる人にその気持ちを口にしてみましょう。その相手としてなかなかぴったりの人がいないという方は、相談サービスもぜひ活用してみてください。ペアレント・メンターという方々もいらっしゃいます。そのような親御さんの気持ちが理解できる経験者である先輩の親御さんには相談しやすいと思います。先輩がどのように気持ちが変わっていったか、また、子どもや家族との向き合い方のヒントや、サービスの使い方のアドバイスなど気軽にいろいろ聞けることは心強いものになるでしょう。都道府県には発達障害者支援センターが設置されています。

本当に必要なこと

気になる行動などが見られるけれども診断名がつかないお子さんもいらっしゃいます。子どもの成長は著しく、気になる行動が成長の一過程によるもので、次のステージになると気にならなくなるお子さんもいらっしゃいます。発達障害であってもなくても、診断名がついてもつかなくても、障害がないと思っている方も、人は一人ひとり違う存在で、それぞれの個性があります。得意なこと、不得意なこと、その程度やバランス、成長の速度はバラバラです。〝普通〟と世の中でくくられていることも、実は具体的に聞いてみると異なったりします。

それを前提に、自分の人生を歩んでいくために必要なのは、どのようなお子さんも、社会の中で自分で生活をしていくために困らないように知識や経験を積み重ねるということです。その役目を果たしているのが、家庭でのしつけや学校教育なのですが、そのしつけや教育はどうしても画一的になる性質があります。そのための補強として、より専門的な知識と方法が混ぜ込まれたオーダーメイド式の「発達支援」が必要になります。従来では、「療育」と呼ばれてきていたものです。「自分で生活をしていく」というのは、一人きりでということではありません。世の中にあるツールやサービス、人の助けを上手に借りながらという意味です。

子どもの発達支援のためには、その子どもに合った練習を行います。生活をしていく上で課題となる自分の癖や難しいことなど「自分の特性」を知って、行動の意味を理解します。その上で、周りの人との関係の築き方や自分とのつきあい方、日々の生活を送る上で工夫が必要なことや気をつけていくことなどを身につけていきます。

●早い時期から練習を始めて、二次障害を予防する

子どものためにも、生活に困ったことがあるようでしたら、できるだけ早い時期からその練習を効果的に行ってくれる専門機関や専門職員と出会うことが大事になります。できるだけ早くということがポイントです。なぜなら、対処法が分からないと、いわゆる問題行動が続いて、子ども自身が不必要に怒られる経験が多くなったり、自分の伝えたいことを周りに伝えることができずに、人間関係につまずく経験が増える

など、お子さんの自己肯定感が下がってしまうような、しなくてもいい経験をしてしまうことになるからです。結果的に、家に引きこもったり、溜まった感情を激しい行動で表すしか術《すべ》がなくなってしまうことは少なくありません。これは二次障害と呼ばれています。

先ほど親が乗り越えなければいけない心の試練のお話をしましたが、障害とラベリングされることへの抵抗感などぐるぐるする気持ちで止まってしまって、お子さんに支援の機会が行き届かなくなってしまうことは避けなければいけません。実際に困るのはお子さん本人です。気持ちが落ち着いてきたら、サービスを使うための相談に入りましょう。

残念ながらいまの日本の仕組みでは、サービスを使うためにも「障害」とラベリングされることを乗り越えなければいけない状況にあります。この抵抗感をなくすような仕組みや言葉の問題、すべての子どもに対してオーダーメイド式の支援や教育が行われるように仕組みが変わることが必要ですが、現状ではラベリングを乗り越えなければいけないとお伝えせざるを得ません。

●サポートを受けるための仕組み

実際に発達支援のサポートを受けるためには、どうすればいいのでしょうか。

まずは障害児相談支援事業所で相談してください。相談支援事業所には相談支援専門員というプランナーさんがいて、その子どもにあった障害児支援利用計画案を作成してくださいます。ちなみに障害児支援サービスを受けるために、必ずしも障害者手帳を取得する必要はないと国は示しています。

次に、お住まいの自治体の窓口に計画案を提出します。その後サービスの支給を決定するための判定がなされ、受給者証が発行されます。受給者証には、支援の種類や支給量（ひと月あたりの上限日数）、負担上限月額といったことが記載されています。その後、お子さんとサービスを受けたい事業所を選んで直接契約をします。

契約後は、その事業所で通所日にどのような発達支援を行っていくか、ここでも計画が立てられます。事業所には、児童発達支援管理責任者というプランニング専門の職員さんがいます。子ども一人ひとりに応じた丁寧なプランを作ってくれます。その後、お子さんが通い始めてサポートが開始されるという流れです。

●親御さんが気をつけることとは

一方、家庭でできることとしては、このペアレント・トレーニングでお伝えしていることを、とにかく日々の生活で実践していただきたいと思います。もともとペアレント・トレーニングは、カリフォルニア大学の研究所で、ＡＤＨＤ（注意欠如・多動症）の子どもを育てる家族向けに開発されたプログラムです。そして、発達障害があると診断された子どもに関わらず、どのようなお子さんであっても、プログラムでまとめられていることの有効性が証明されて、子育て支援全般で広まり始めている経緯があります。親が示す態度や言動で子どもが混乱しないよう、子ども自身が見通しを立てることができるよう、できるだけ一貫した関わりをすることが大切です。

特に発達障害の場合はどのように特性とつきあっていくかという練習が必要になります。そのような状態にあるのは、親御さんのせいでも本人のせいでもありません。けれども問題行動によるイライラから親が子どもに当たってしまったり、できないことばかりに目がいくようになり、怒ったりがっかりすることしかできなくなると、結果的に子どもが自分はダメな人間だなどと自己肯定感が下がり、できることもできなくなってしまうなどの悪循環に入ってしまいます。どのペアレント・トレーニングでも「ほめること」が強調されていることはそのためです。頑張って、あえてほめることをいれていかないといけないという事実があるからです。家庭は安らぎの場であること、親御さんは常にお子さんの味方でいることが、子どもの心の安定につながり、お子さんがもっている自分の力をぐんぐん伸ばしていくことにつながるのです。

4 子育て支援機関・サービスの上手な利用方法

子育てに不安やしんどさを感じた時、一人で抱え込まないことが大切です。そのために子育て支援機関やサービスがあります。それらを上手に利用するためのコツをお伝えします。

●育児支援から発達の不安、一時預かりまでサポートは多種類

子育て支援の機関・サービスには二種類あります。一つはフォーマル（公的）な機関によるもので、もう一つは家族やご近所、ＮＰＯ団体などによるインフォーマル（非公的）なものです。どちらが良いということはなく、自分に合った機関や団体を

選んで利用することが大切です。205ページの図は、現在利用できる主な子育て支援機関・サービスを表しています。内容が分かりにくいものについて簡単にご説明しましょう。まずは最も身近で利用しやすい市区町村エリアからです。

【市区町村エリア】

■こども家庭センター

妊娠時から子育て期間中まで一貫して見守る機関として、現在、すべての市区町村に設置すべく準備・拡充が進んでいるものです。保健センターや役所の一部署に設置されていることが多く、地域によっては名称が異なる場合もあります。保健師など相談員が常駐していますので、悩みなどがある時は、まずはここに相談すると良いでしょう。

■障害児相談支援事業所・児童発達支援センター

子どもの発達に不安がある時に、相談したり、必要な支援の調整を行ってもらえるところです。

■保育園、幼稚園、認定こども園

これらの施設の中には「一時預かり」に対応しているところが多くあります。少しの間だけ子どもを預かってほしい時や、一人になって自分の心を立て直したい時など、このサービスをうまく利用しましょう。ただし、ニーズが高く混み合っている場合が多いようです。利用する際はいくつかの園を当たってみましょう。

■ファミリーサポートセンター

育児や介護の援助を受けたい方と、サポートを行える地域住民が会員となって、育児や介護を助け合う会員組織です。「○時に子どものお迎えに行ってほしい」などの希望をセンターに伝えると、その希望に添った人をマッチングしてくれます。利用は事前登録制です。

■養育支援訪問事業

支援が必要な家庭に、保健師や保育士などが訪問し、具体的に手助けをしたり相談にのるなどしてサポートする事業です。育児がしんどくなった時など、どんどん活用しましょう。

■民生委員・児童委員

民生委員は国から委嘱され、住民の相談に応じたり援助を行う市民で、児童委員を兼ねています。児童委員は子どもたちを見守り、子育ての不安や妊娠中の心配ごとなどの相談・支援を行います。

■ペアレントメンター

発達障害のある子の育児を経験し、かつ相談支援に関する一定のトレーニングを受けた人です。同じような発達障害のある子どもを育てる親の相談相手となり、サポートを行います。

■NPO

公的機関には相談しにくいという人は、地域のＮＰＯや市民団体に連絡してみるのも良いでしょう。自分の住む地域にどんな子育て関係のＮＰＯがあるかは、社会福祉協議会やボランティアセンターなどで知ることができます。

【都道府県エリア】

■発達障害者支援センター

発達障害のある子どもやその家族の、相談支援や情報提供などを行っている機関です。都道府県によってサポートの内容などは異なっていますが、対応が難しい場合は、適切な機関を斡旋《あっせん》するなどしてくれます。ホームページでいろいろな情報発信もしており、確かで詳しい情報が欲しい時は、まずここをチェックすると良いでしょう。

■児童相談所

主に子どもの障害や子育てに関する相談、虐待に関する相談などを受け付けている機関です。

【地域の垣根を越えた活動】

電話やメールなどを使って相談ができる機関の中でも、特に実績があるところをチョイスしました。施設に足を運ぶ時間がない人や、対面では相談しにくい場合は、こうした相談ダイヤルを活用するのもおすすめです。

【こんなにある！ いますぐ利用できる子育て支援の機関&サービス】

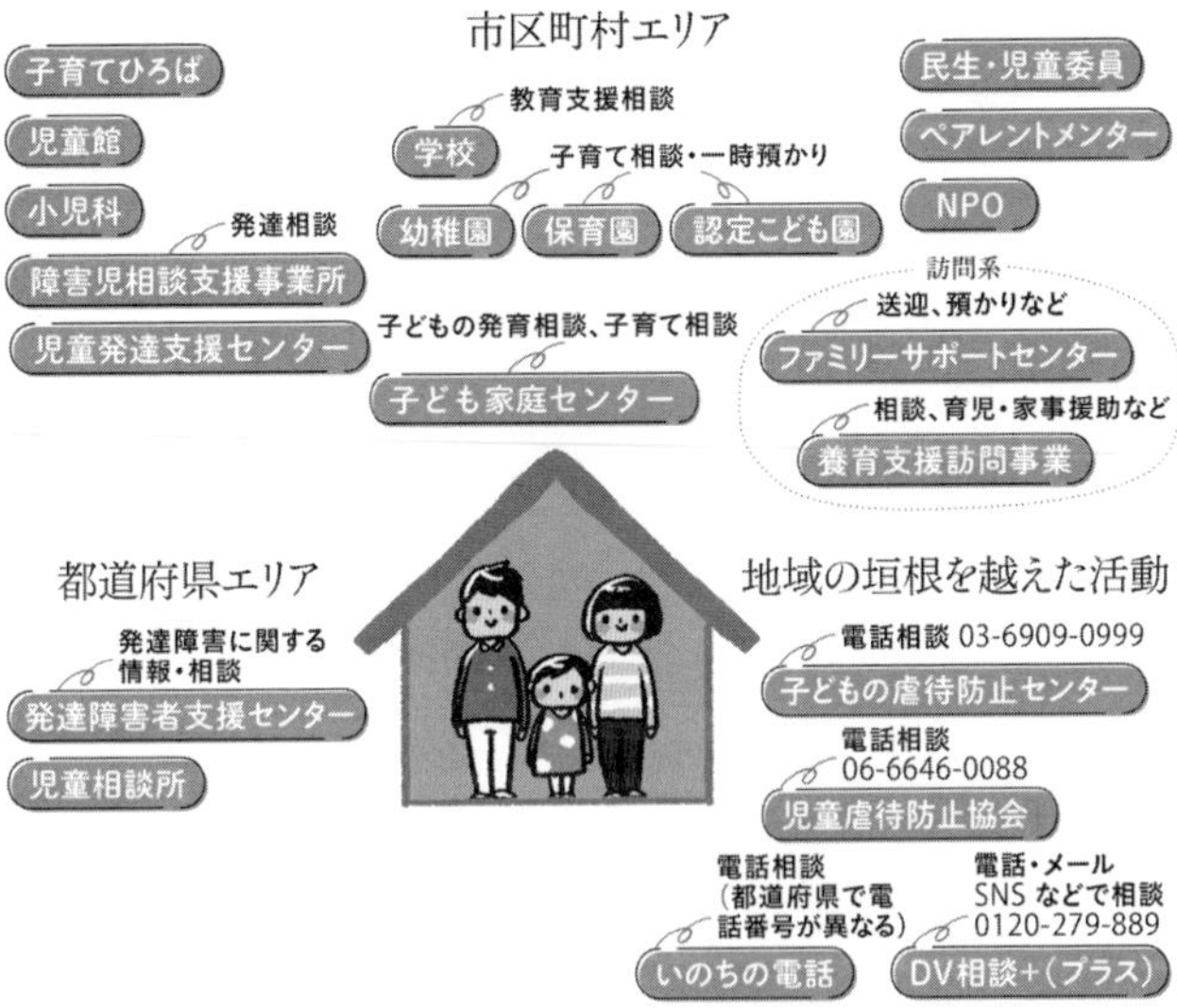

納得できるサービスが得られなくても、あきらめず他を当たって！

このように多くの子育て支援機関・サービスがありますが、その質はさまざまです。自分の子育て法を押し付ける支援者や、専門職だからと上から目線になる支援者なども、残念ながらまだいます。もし、相談して納得できる答えが得られなかったり、信頼できる相談相手が見つからなくても、「よくあること」と開き直って、他の機関や別の相談員に当たってみてください。そうすることで、欲しいサポートにたどり着けるはずです。

初対面の相手に相談するのが苦手という人は、子どもを連れて子育てひろばに何度か行き、相談しやすそうな人を見つけると良いでしょう。自分が欲しい支援がどこで得られるのか分からない場合は、「利用者支援事業」を利用しましょう。「利用者支援事業」では、私たちが必要な機関・サービスを選択して利用できるように、情報提供や相談・援助などを行っています。窓口は自治体で異なりますが、役所などに設けられている場合が多いようです。

育児は誰にとっても心身共に大変です。みな、それを分かっているからこそ、このように多くの機関やサービスが設けられているのです。私たちはみな、これらを利用する権利があります。どんどん活用して、自分と家族を守っていきましょう。

第7章

SomLicペアレント・トレーニングをもっと知りたい方へ

●ペアレント・トレーニングとは

ペアレント・トレーニングは、一九六〇年代のアメリカで応用行動分析学の中で開発され、多くの国で活用されながら広がりを見せているものです。日本でも海外から輸入されたプログラムが翻訳、アレンジされ、多様なペアレント・トレーニングが存在しています。ペアレント・トレーニングとは、「環境調整や子どもの肯定的な働きかけを学び、保護者や養育者の関わり方や心理的なストレスの改善、子どもの適切な行動の促進と不適切な行動の改善を目的としたプログラム」です。その効果も多くの研究で明らかにされてきています（＊1）。

けれども、なかなか子育て支援の中で広がりが見られません。二〇一九年度の全国市町村調査では、全市町村千七百四十一中、百十六市町村（約十パーセント）での実施に留まっています。また、実施の課題として、ファシリテーターとなる人材の不足や、養成にかかる期間やコストといった要件が挙げられていました。そこで、効果があり、子育て支援現場でより実施しやすいペアレント・トレーニングを開発する必要があるということから、SomLic ペアレント・トレーニングを開発しました（＊2）。

私たちはSomLic ペアレント・トレーニングを作る前には、「Nobody's Perfect」、「神戸少年の町版コモンセンスペアレンティング（CSP）」、「Triple P: 前向き子育てプログラム」というすばらしいプログラムのファシリテーターとして、地域でこれらのプログラムを実践していました。

＊1　長瀬美香（二〇一九）「発達障害支援における家族支援プログラムの地域普及に向けたプログラム実施基準策定及び実施ガイドプログラムの作成事業報告書」厚生労働省障害者総合福祉推進事業。原口英之（二〇一三）「障害のある子どもをもつ家族への支援：ペアレント・トレーニング」『小児看護』第四十一巻第五号、五六八―五七五ページ。免田賢「ペアレント・トレーニングの理論的基礎：効果的プログラムの開発に向けて（その2）」『佛教大学教育学部学会紀要』第十二号、三九―五三ページ。

＊2　田中真衣・鈴木健史（二〇二二）「汎用性の高いペアレント・トレーニングの開発に向けた施行検証―プログラム効果測定と分析結果を踏まえて」『白梅学園大学・白梅学園短期大学子ども学研究所研究年報』第二十六号、三九―五一ページ〈査読付〉。

●制度化されたペアレント・トレーニング

二〇二一年の厚生労働省社会保障審議会児童部会社会的養育専門部会（＊3）にて、SomLicペアレント・トレーニングが児童虐待予防活動の好事例として取り上げられました。その後、政策立案担当者からのヒアリングを受け、プログラムの詳細や、ペアレント・トレーニングを制度的に事業化するために必要な要素などの詳細をお伝えしました。二〇二二年六月十五日に児童福祉法が改正され、その第六条三項において、『親子関係形成支援事業』が新たに盛り込まれ、ヒアリングでお伝えしたことを忠実に反映していただきました。この事業説明には、「講義・グループワーク・ロールプレイ等の手法で子どもとの関わり方等を学ぶ（ペアレント・トレーニング）」と示されています。今後はこの新事業が全地方自治体で実施され、普及されていくことになります。

＊3　厚生労働省「地域の子育て家庭に対する支援の事例」第二十八回社会保障審議会児童部会社会的養育専門部会・資料1。

●プログラムの構成表

SomLicペアレント・トレーニングは、厚生労働省障害者総合福祉推進事業でまとめられたペアレント・トレーニングのコアエレメントを基盤に、全六回とフォローアップの回で構成されています（表2）。フォローアップは、六回学んだ後それぞれの子育ての中で練習してもらい、一か月後に再び同じメンバーで集まって、おしゃべりを交えながら、使ってみての感想や質問を受け付けたり、難しい場面の練習などを行います。一回九十分で、途中にお茶の時間も設けながら楽しく学んでいきます。講義だけでは身にならないので、講義、ペアワーク、ロールプレイを混ぜながら実施します。

●プログラムを受講するメリット

この本を読んでワークに取り組んでいただくことで、プログラムの根幹である考え方を学ぶことは十分できます。けれども、実際に対面やオンラインで講座に参加して学ぶメリットとして、プログラムを通して他の方の子育ての悩みを知ったり、価値観

表2　SomLicペアレント・トレーニングのプログラム

	テーマ	目的
第1回	子どもの育ちにつながるほめ方	オリエンテーション、自己紹介、子どもの良い行動を伸ばす方法を学ぶ。
第2回	子どもの行動のタイプわけと対応	子どもの行動を「好ましい行動」、「好ましくない行動」、「自分や人を傷つける行動」の3つに分類し、それぞれの対応について学ぶ。また、自分の感情をコントロールすることの重要性について学ぶ。
第3回	子どもの行動の背景と望ましい行動を引きだす関わり方	子どもの気持ちに寄り添う共感の言葉かけや、子どもの望ましい行動を引き出す関わり方について学ぶ。また、子どもの困った行動の理由を考え、そのような行動が少なくなるよう事前に環境を調整するなどの工夫について学ぶ。
第4回	前半のふりかえりと親子の関係が深まるコミュニケーション	これまで学んだ内容をふりかえり、理解を深め、実践につなげられるようにする。また、親子の関係が深まるコミュニケーションについて学ぶ。
第5回	効果的な伝え方と親の価値観の影響	子どもが望ましい行動を身につけるために、子どもが理解しやすい効果的な声のかけ方や関わり方について学ぶ。また、親の持つ価値観や期待が及ぼす影響について気づく。
第6回	あなたも私自身も大切にするために	身近な人に対する自分も相手も大切にする自己表現について学ぶ。また、親である自分を大切にする方法について考える。
フォローアップ		全6回の講座が終了した1か月後に、学びを定着させ実践を継続できるようにフォローアップを行う。

を知ることが挙げられます。他の方の子育てに対する想いを聞けたことで、気づいたことが大きいと参加者の方々は口を揃えておっしゃいます。自分がとっていたコミュニケーション方法や、子育てする上で重きを置いていた価値観にゆらぎが出るのでしょう。ゆらぎが発生した時に、いま一度子どもにどのように育ってほしいか、子どもにとって真にためになることは何かということを考えてみるとよいかと思います。

●SomLicペアレント・トレーニングを開催されたい方は

プログラムを開催したい場合、そのプログラムを実施できるファシリテーションを学ぶ必要があります。SomLicでは、このファシリテーター養成講座を、ほかのプログラムよりも短期間、安価で学べるように設定しました。対象者は、児童福祉現場経験がある専門職（保育士、幼稚園教諭、児童指導員〈任用資格〉、社会福祉士、保健師、看護師、小児科医、教員など）が望ましいです。なぜなら、ファシリテーターは、参加者全員に配慮し、事例を交えながらプログラムを展開したり、グループ相互作用を引き出したり、相談を受けたりするので、対人援助職の知識と経験と、ソーシャルワークの中でも、グループワークを行える基礎をもっている方でないと難しいからです。今後の養成講座の実施状況については、ホームページを見ていただきたいと思います。

おわりに

　私自身、子どもを授かる前にペアレント・トレーニングを学んでいたので、子どもとの関係づくりにしんどさを抱えずになんとか楽しみながらやってこられました。そうはいっても、完璧にそして忠実にペアレント・トレーニングを使えているわけではありません。頭では知っている、分かっているものの、「早くして!!」と急かしたり、イライラしたり、「お約束ごと確認」が日々の生活の中でなし崩し的になったりしながら子育てを行っています。けれども自分で救いかなと思うのは、頭では分かっているので、落ち着ける時間に、「あの時、頭ごなしに否定してしまったから子どもがいじけてしまったんだ。明日からは共感を最初に入れるようにしよう！」と反省しながら修正を図れることです。

　また、新たに自分の子育てを通して分かったこととして、ペアレント・トレーニング式のコミュニケーションは人に拡がるということです。例えば、うちの長男が次男に声をかける時、私よりも上手にペアレント・トレーニングの要素を組み込んで声かけをしていたりします。「○○くんのやりたいことは分かるよ。でもさ、いまはプラレールを片づけちゃおう！　そうすれば公園で氷鬼できるからね」のように。誰から教えられたわけでもなく、自然に体得していました。きっと次男もお友だちとのコミュニケーションなどで、自然に使うようになるのだと思います。

この本に書かれていること、また「ペアレント・トレーニング」プログラムを受講して学んだことを完璧にできる必要はありません。これらが唯一の正しい方法で、習ったことを実践できないからといって悩んでしまったら本末転倒です。論理を理解しておいて、お子さんをよく見てコミュニケーションをとりながら、子育ての中に採り入れ、自分らしい子育てを作りあげていっていただければと思います。

それとは逆に、論理だけ見ればもっともなことで、「はいはい、そうよね」と理解して「分かっている」状態になっているけれども、実は実際の子育てには何ら活かされていないということもあります。実際にお子さんに関わる際の行動に活かされ、子どもとの関わり方が変わることが何よりも大事です。

そのために、地域で開催されている「ペアレント・トレーニング」プログラムにぜひ参加してみてください。自分一人では頭でっかちになりがちで、実際の行動変容につながりにくいものです。そこではグループで学び合いながら、自分の子育てをふり返り気づきを得て変えていくことを、ファシリテーターが空気を作りながら進めていきます。

現代社会では「育児の負担」がことさらに強調されがちですが、育児は楽しいものです。子どもはとにかくかわいいですし、公園やバスなどでまったく知らない方にあやしてもらったり、優しい眼差しをいただいたり、人の温もりに触れられることも多くあります。ペアレント・トレーニングを身につけて、親子のコミュニケーションが上手になれば、育児を楽しめる好循環が生まれ、「実はいろいろな人に支えられている」ということにもどんどん気づくことができると思います。そこで受けた人の優しさや守られたという感覚が、優しさの連鎖につながっていくと思うので、ぜひその好循環を引き寄せてください。

末尾になりましたが、SomLicの活動に賛同してご尽力いただいた方々に感謝申し上げます。また、私たちの活動を信じて温かい手を差し伸べてくださった秋山千枝子先生、平湯友子さん、Junko Wong 先生、清野雅代さんに感謝しております。そしてSomLic コアメンバーとして一緒に走ってきた大坪こずえさん、岡水恵弥さん、城所香枝子さん、酒井祐美さん、鈴木健史さん、田中悠衣さん、谷井史恵さん、名倉希織さんに心からのお礼を伝えたいと思います。特に、鈴木健史さん（東京立正短期大学）とは、試行錯誤しながらこのプログラムを共に開発してきました。そして尊敬する夫とかわいい子どもたちにも感謝でいっぱいです。

子育ての基本的な土台として、子育てをしているすべての方に、ペアレント・トレーニングが行き渡ることを願います。

参 考 文 献

遠藤利彦(2022) 「『非認知能力』なるものの発達と教育」「表１　非認知能力の具体的中身—理論的な視点からのまとめ」『発達』170,ミネルヴァ書房,pp.2-8.

厚生労働省「地域の子育て家庭に対する支援の事例」第28回社会保障審議会児童部会社会的養育専門員会,資料１

子育て家族支援SomLic（2022）「SomLicペアレント・トレーニング ファシリテーター養成BOOK」

無藤隆（2016）「生涯の学びを支える『非認知能力』をどう育てるか」『これからの幼児教育』2016年度春号,ベネッセ教育総合研究所,pp.18-21. https://berd.benesse.jp/up_images/magazine/018-021.pdf（2023.2.10閲覧）

日本発達障害ネットワーク（JDDネット）（2019）「発達障害支援における家族支援プログラムの地域普及に向けたプログラム実施基準策定及び実施ガイドブックの作成事業報告書」厚生労働省障害者総合福祉推進事業

OECD(2015)*Skills for Social Progress: The Power of Social and Emotional Skills*. OECD Publishing, Paris. https://www.oecd-ilibrary.org/education/skills-for-social-progress_9789264226159-en（2023.2.10閲覧）

TEACCHプログラム研究会ホームページ：http://www.teacchken.com/index.html

田中真衣(2022) 「子ども虐待予防のためのSomLicペアレント・トレーニングの普及」『小児内科』 Vol.54,No.11,pp.1892-1894.

田中真衣・鈴木健史（2021）「汎用性の高いペアレント・トレーニングの開発に向けた施行検証—プログラム効果測定と分析結果を踏まえて」 白梅学園大学・白梅学園短期大学子ども学研究所研究年報26,pp.39-51.

Whitham, Cynthia(1991)*Win the Whining War & Other Skirmishes*. 中田洋二郎監訳.上林靖子他訳(2002) 『読んで学べるADHDのペアレントトレーニング　むずかしい子にやさしい子育て』明石書店

＊SomLicペアレント・トレーニングのプログラム開発は、「白梅学園大学子ども学研究所研究助成（2020~2023）」の助成を受け完成することができました。御礼申し上げます。本書もその研究助成による研究成果を含んでいます。

田中真衣
たなか・まい
＊＊＊
子育て家族支援SomLic代表／白梅学園大学子ども学部准教授。1980年生まれ。日本女子大学卒業。児童養護施設に児童指導員として勤務した後、英国にて社会政策学修士号取得。上智大学にて社会福祉学の博士号を取得した後、厚生労働省社会・援護局 障害保健福祉部にて障害福祉専門官を経て現職。SomLicは2007年に児童指導員であった酒井祐美、名倉希織とともに立ち上げ、東京都武蔵野市を中心に活動している。

田中真衣研究室ホームページ：https://www.mai-lab.jp

＊本書は、小社発行の月刊誌『やくしん』の連載「私らしい子育てを見つけよう――ペアレンティング・プログラム」（2020年1月号～2021年12月号）を一冊にまとめたものです。
単行本化に際しては著者による加筆・修正を施しました。

装丁＊こやまたかこ
装画＊Marcus Oakley/CWC
本文イラスト・マンガ＊はしあさこ
編集協力＊かきの木のりみ

感情にふり回されない子育て

親子が変わる〈SomLic《ソムリック》ペアレント・トレーニング〉

＊ ＊ ＊

2023年6月30日　初版第１刷発行

著者 ＊ 田中真衣

発行者 ＊ 中沢純一

発行所 ＊ 株式会社佼成出版社

〒166-8535　東京都杉並区和田2-7-1

電話　(03) 5385-2317（編集）(03) 5385-2323（販売）

URL　https://kosei-shuppan.co.jp/

印刷所 ＊ 亜細亜印刷株式会社

製本所 ＊ 株式会社若林製本工場

ISBN978-4-333-02905-1 C0037　NDC379.9/224P/19cm